译文经典

人文主义地理学

对于意义的个体追寻

Humanist Geography:
An Individual's Search for Meaning

Yi-Fu Tuan

〔美〕段义孚 著

宋秀葵 陈金凤 张盼盼 译

上海译文出版社

目 录

致　谢

　　2010年12月5日，在加利福尼亚州同父异母的妹妹家，我度过了自己的八十岁生日。参加生日聚会的有二十五个人，年龄跨越了三代，其中还有两位我之前在威斯康星大学麦迪逊分校教过的学生。我的外甥、外甥女以及科恩家的孩子们——十二岁的安德鲁、十岁的本杰明和五岁的阿比盖尔，为本次生日宴带来了无限的活力。三个孩子中年龄较大的两个声称我是他们的祖父。这可不是随口说说的，因为他们用电话和长信最终得出了这个结论。然而，在此次生日聚会之前我们根本没有见过面，之前我也没有见过他们的父母。那这到底是怎么回事儿呢？

　　一切起因于一个叫约翰·佩里的老师，我多年的笔友。他在康涅狄格州的一所私立学校教过这三个孩子的父亲，并说服我写一本关于教育的书，让各地的孩子都能从中受益。事实上，《人文主义地理学》就是这样动笔的，这也是书里前几章与教育有关的原因。谢谢你，约翰。在我这个年纪还没有结过婚的人，能成为别人的祖父简直是个奇迹！

我也要衷心感谢另一位老朋友——来自芝加哥的杰瑞德·什莱斯，感谢他大约三十年前初读本人《割裂的世界与自我》（*Segmented Worlds and Self*）一书后，一直以来给予的支持；感谢支持本书出版的 GFT 团队中的每一个人：编辑兼出版商乔治·F. 汤普森，图书设计师和艺术总监大卫·斯科尔科因，编辑助理卡门·罗斯·申克和斯蒂芬妮·利希尼尔，手稿编辑普尔纳·马卡拉姆和索引制作者艾莉森·德鲁·亨特；感谢 J. 尼古拉斯·厄里特里金、多米尼克·帕西珈、保罗·F. 斯塔尔斯及丹尼斯·伍德在手稿加工成书过程中提供的绝妙建议；还要感谢理查德·米斯拉奇慷慨地允许我们从其著名的系列作品《在海滩上》中复制了两张照片，这些照片完美地契合了书中人文主义的主旨：个人与共同体。

衷心感谢大家，感谢你们每一位！

人之为人

我教人文地理学近四十年了。上课的第一天，我会告诉在座的五十名学生："我希望你们能够意识到自己在上一堂实践课，我用'实践'这个词，是想告诉你们，你们将接触新的知识和新的思维方式，对你们多有裨益。"

学生们听完后往往感到困惑，因为他们听说或读过我的作品，早已知道，我并非实践应用型的地理学家，也不是地图或GIS（地理信息科学）方面的专家，不会像教这些地理学知识那样教他们就业技能。总之，科目名称中的术语"人文主义"听起来不那么务实。下面我要解释一下：

> 假设我们的寿命是《圣经》所说的"古稀之年"，即
> 七十年。七十年大约是六十万小时，扣除三分之一的睡眠

时间，我们还剩四十万小时去做必须做或想做的事情。然而，如果我们全职工作五十年，其中约十五万小时将用于谋生，剩余的二十五万小时用于生存并享受生活：饮食、社交、看电影、看电视、打高尔夫球、闲逛以及做白日梦。① 大学里的实践课对我们的职业生涯多有益处，但对其余的事情并不管用。相比之下，人文主义地理学对于职业生涯并不实用，但对我们空闲的某天、某小时或半小时却很有用。为什么？因为人文主义地理学能使我们有效地思考某些问题，这些问题迫使我们思考人的成长，并有一种紧迫感，因为作为个体，我们在地球上生存的时间十分短暂。问题就是："人，何以为人——人之为人意味着什么？更具体地说，作为人对我意味着什么？"

这样的解释过于抽象，即使对于天生有好奇心的人来讲也似乎不切实际，并且毫不相干。人文主义地理学使得这些问题更接地气。但什么是人文主义地理学呢？其实"人文主义"和"地理学"这两个词本身就是答案。作为一名人文学者，我专注于个体研究——个人主义其实是人文主义的产物。作为一名

---

① A somewhat different and more precise account of "The Hours of Our Lives" is given in *American Time Use Survey*, Bureau of Labor Statistics, 2010 annual averages. The hours are based on a life expectancy of 77.8 years, as against my biblical three-score and ten.

地理学家，我专注于社会与地方研究——生活的社会与物质层面。有关生命及其意义，人们仍会提出大量抽象的问题，但会基于日常生活的事实。

人文主义地理学的两个部分——个人和共同体——彼此有些矛盾。某种程度上，我若注重个体，便会淡化共同体，反之亦然。另一对众所周知的反义词来自人以不同规模形成共同体的事实。规模的一端是地方和社群，另一端是世界和世界主义。前者（地方和社群）产生强烈的共同体自我意识和"我们与他们"的心态，在历史上，这往往会导致冲突。从积极的方面来说，它促进了共同体内的睦邻友好，整体上弘扬了文化的多样性，因为每个共同体都可能有其独特的风俗习惯。后者（世界主义者的世界）由自由联系的第一人称单数（"我"或个人）组成，他们面临的挑战在于维系睦邻承诺和关怀。此外，世界主义在促进个人取得卓越和最高成就的同时，也会不经意间践踏地方文化。再一次，就高估地方和社群而言，我低估了世界主义和世界，反之亦然。

如今，这相对的两方哪一方更受青睐？在社会工作者和活动家看来，共同体和文化多样性明显优于个人主义和世界主义。对他们以及越来越多的普通大众而言，"共同体"一词唤起了一种温暖、积极的感觉。社会学家雷蒙德·威廉姆斯（Raymond Williams，1921—1988）指出："与所有其他社会组织（国家、民族、社会等）的术语不同，它似乎从来没有被负面地使用过。"① 文化多样性亦是如此。一旦称赞它就立马把它放在天使的一面。相比之下，个人主义（不久前西方文明的骄傲）越来越被消极地看待。当这个词及其同源词（个人、个性）出现时，暗示着自我中心主义——以牺牲社群为代价获得个人成功的行为。世界主义也失去了公众的尊重。它对知识和艺术卓越程度的渴望带有精英主义的味道，结果是无论好坏，都被视为对地方人才和文化的一种扼杀。②

为了更好地平衡这两方面，我对个人和世界主义社会都持有赞成态度，并以此发问："规模和复杂性不断变换的社会共同体，于我有何利弊？"我的回答大致如此：在一个小而团结的共同体，我坚信人性的温暖——当我感冒时，能喝上一碗鸡汤。然而，它使我与缤纷多彩的世界分离，没能激发我的全部潜力。身处一个世界主义的社会中，我可以自由地做我自己，并利用众多便利条件施展我的才能，但我不认识自己的邻居，也不要妄想有鸡汤喝。社群有利平等，在财富或社会声望上，没有高低贵贱之分。世界主义的社会在本质上等级分明，有许多优秀的金字塔，人们有希望在其中崛起。然而，能否充分发

<hr />

① Raymond Williams, *Keywords: A Vocabulary of Culture and Society* (New York: Oxford University Press, 1976), 66.

② Yi-Fu Tuan, "Home and World, Cosmopolitanism and Ethnicity," in Ian Douglas, Richard Huggett, and Mike Robinson, eds., Companion Encyclopedia of Geography (London: Routledge, 1996), 939 - 5L and "Community, Society, and the Individual," Geographical Review, Vol. 92, No 3 (2002), 307 - 18.

挥潜能取决于我的社会地位和继承的财产。因此，在世界主义的社会中，公正和平等的问题日益突出。

有人会问，为什么一开始就对人类个体过分关注呢？最终，人都无法逃脱自身的终极命运——化为一抔尘土，这又有什么意义呢？对此，人文主义并无足够的回应；或者更确切地说，在某种程度上，它借鉴了一种更古老的思维方式——宗教。因此，最佳的宗教思想并不是人文主义必须超越的。相反，恰恰是宗教思想支撑又完善了人文主义思想，真正的人文主义思想敢于将想象推向幻想的境界。

这些关于人文主义的观点没有得到普遍的认同。世俗的人文主义者或理性主义者预先排除了来自宗教和神学的影响。我认为这种排斥令人遗憾，因为它缩小了探究的范围，违背了过去和现在都是开放的而不是封闭的人文精神。

从目前所说的来看，我显然有某种倾向。我喜欢基于事实和理性思考问题，但它们确实反映了我的社会及教育背景。人文主义地理学更是如此，它与自然地理学或经济地理学不同，没有普遍共识之上的主题。其他人文主义地理学家也曾或多或少地研究过我在此书中探讨的主题，研究的深度不尽相同。因此，我需要添加一个副标题，说明这本书的特殊性："对于意义的个体追寻。"

这个副标题要求我在书的第一部分概述自己的童年和青年时期，特别是教育经历，因为正是在这个人生的初始阶段我现在提及的话题第一次出现了。当然，之后我并无多言，因为几十年后我才尝试性地开始阐释生命的意义。我期望这本书能抛砖引玉，使读者们有类似的努力，不一定著书成文，而是在他或她没被世间的烦扰和压力淹没时能驻足回味反思。

第一部分

接受教育

第一章　重　庆

七岁至十岁的三年间（1938—1941），我在备受战争蹂躏的重庆上学，就读的学校只有一间教室，学校是我父亲和他的朋友们于1938年创办的。他们这么做是因为附近没有小学，我们这些孩子也因为年龄太小还不能去上著名的南开中学。南开中学的校长也鼓励他们这么做。校长不仅允许他们使用南开的校名，而且还在南开发电厂的旁边提供了一间教室。在这间教室里我学了些什么呢？无疑，学了算术，但我不记得是怎么学的，也许是因为老师用传统方法教的吧。我记得学习了阅读和写作，尤其是阅读。我们这些小孩阅读了中西方的故事。

中国的传统故事鼓励人们虚心好学、孝敬父母和热爱祖国，七十年后的今天我依然能记得些许。

其中有囊萤夜读的故事，讲的是一个山村男孩白天在田里务农，只能晚上学习。问题是男孩家太穷，连一支蜡烛都买不起，所以他捉了好多萤火虫，放在纱网里，然后借着萤火虫的光读书。这个故事使我们深受鼓舞，不仅钦佩男孩渴望学习的精神，还折服于他学习方法的独创。不要把贫穷当成不可逾越的障碍。

第二个故事有关孝道，孝道是中国人的核心价值观。一位极度贫穷的母亲因营养缺乏而奄奄一息（注意这一反复出现的贫穷主题）。她儿子从胳膊上割下一片肉，为母亲做汤补充营养。一个非华裔的读者可能会被这种暴力震惊，但作为一个深受孝道文化熏陶的中国孩子，我从容地接受这一行为。

我记得的第三个故事有关爱国主义。宋朝将军岳飞（1103—1142）是所有中国人心目中的民族英雄，他带兵抵御北方金朝对大宋王朝的入侵。书里有一幅图，描绘了岳飞赤裸上身双膝跪在母亲身旁，母亲在他背上刻下"尽忠报国"几个大字。尽管儿时的中国被日本侵略者包围，要为民族救亡图存而斗争，奇怪的是，我们并未读到诸如此类的更多的爱国故事。可能因为我们的父母和老师都知道，民族主义热情有可能失控，会在我们易受影响的年纪留下难以抹去的印记，他们限制我们读这类故事。

父亲和他的朋友们一起上了大学。毕业后，他们离开中国去欧洲和美国读研究生。学成回国后，他们既没有教书也没有在政府机构任职，而是成立了一个由世界主义者组成的小群体。在这里，人们见了面便热烈地讨论。在静谧的夏夜，他们坐在院子里乘凉，其中某个人会望着夜空指出猎户星座，随即引发一场有关天文学的生动交流——不仅涉及科学，还涉及希腊神话。而这又会引发这样的提问："为什么我们中国人就没有关于星体的神话？"另一位朋友会提到镇上新放映的一部好莱坞电影，随便提及的一句话就可能引发一场关于元代（1279—1368）戏曲以及元曲是否适合拍成电影的讨论。关于教育政策，一位儒学者和一位约翰·杜威（John Dewey，1859—1952）教育哲学的推崇者，两人会讨论死记硬背的优缺点。而对于一个九岁的孩子来说，坐在星空下聆听这些有趣的谈话无疑是永生难忘的乐事。

因为父亲和他的朋友在西方接受了硕士阶段的教育，我们也就顺理成章地读了一些西方故事。我们读了苹果落到艾萨克·牛顿（Isaac Newton，1642—1727）头上，读了本杰明·富兰克林（Benjamin Franklin，1706—1790）在暴风雨中用风筝来收集电，也读到了詹姆斯·瓦特（James Watts，1736—1819）的漫不经心。但我认为父母还有一个更明确的目的，就是让我们的心智变得勇敢，似乎他们无法用恰当的中国故事来启迪我们以达到这个目的。借助苹果砸到牛顿头上的故事，老师向我们介绍了地心引力和太阳系的原理；富兰克林飞上天的风筝开启了有关电的话题。但长远来看，对我们而言，这些故事的重要之处在于鼓励了我们的创新思维和行为。我们会有这样的想法，在苹果树底下幻想可能比在家做加减法运算更好，在暴风雨中冒着触电危险做科学实验是值得的。

我最欢詹姆斯·瓦特小时候的故事，他长大后发明了蒸汽机。据说他经常独自坐着，对着空气思考发呆。他的母亲想让他务实一点，便给他布置了一项任务，让他看着时间煮鸡蛋。她对瓦特说："这是鸡蛋，你把它放进沸水里，看着表，一定要在两分钟后把鸡蛋取出来。"两分钟后，瓦特的妈妈回来了，她看着煮沸的水，惊恐地发现她的表竟然在水里。同时，瓦特正疑惑地盯着自己手上的鸡蛋。大人们是在告诉我们，如果未来可以发明蒸汽机，把妈妈的表煮了也没关系吗？

中国故事趋向于强调道德，西方故事则更注重人们的好奇心和想象力。英国作家奥斯卡·王尔德（Oscar Wilde，1854—1900）笔下的《快乐王子》（*The Happy Prince*，1888）同时兼具东西方故事的特点。我再次钦佩父母和老师的敏锐。选择这个故事给我们读，是因为他们觉得中国故事更倾向于引导人们对家人和邻居行善，即只善待那些可互得利益的人，而忽略了无关利益的陌生人。大多数西方故事也有缺陷，它们多以不切实际的婚姻和婚后夫妻的幸福生活作为结局。而《快乐王子》具有更高的道德准则，提倡普世论，既融合了佛教的慈悲思想和基督教的救赎论，又超越了局限于地方的来往和简单的乐观。这个故事以王子和小燕子的悲惨离世作为结局，这种现实主义很可能为有感知力的年轻读者所青睐。这也许会让他们坚信，王子和小燕子心甘情愿地为急需帮助的陌生人而死，绝对是正确的。正是生活中这些绝对正确、十分罕见却又可能真实发生的事情，让我们感到快乐。

至于对美感的教育，我并不记得我们有西方学校里常见的那种绘画课。也许在中国，绘画课没大必要，因为书法有异曲同工之妙。练习书法对于孩子来说是件琐事，然而做准备工作（如研墨）的时候，又是一件趣事。我记得在这个过程中，需要先从书包里拿出墨片和砚台，然后在砚台上倒些水，接着研磨墨片产生浓黑的墨汁。用毛笔写字也很好玩，毛笔的厚度和笔画倾斜充满魔力，一个完整的字，写得或紧凑或松散，都丰富着字本身的意义。

年轻的孩子需要锻炼。我们无法进行竞技运动，不过是因为人少无法组队。我不记得进行过一项流行于当代中国的体育运动。小时候，我们做各种游戏，如跳绳、躲猫猫、寻宝或是男孩之间玩耍式的打斗。

有一个游戏使我记忆尤深，名叫老鹰捉小鸡。我认为全世界的孩子都玩类似的游戏。在游戏中，一个孩子扮演鸡妈妈，排在鸡妈妈身后的一队是小鸡仔，老鹰则试图捉住小鸡。鸡妈妈展开翅膀并变换着方向来竭力保护小鸡，与此同时，小鸡们在她身后跟着疯狂地摇摆躲闪。

当我扮演小鸡仔的时候，感觉自己非常脆弱，极易受到攻击，被老鹰捕捉的时候兴奋地尖叫闪躲。在下一轮游戏里，我可能扮演鸡妈妈，再一轮，又可能扮演捕食的老鹰。这个游戏告诉孩子们，他们的心情和行为不像机器人那样一成不变，有时会感到脆弱害怕，有时又要保护和养育他人，有时甚至具有攻击性和掠夺性。

另外一个游戏是哲学家路德维希·维特根斯坦（Ludwig Wittgenstein，1889—1951）发明的，同样有趣又有教育意义。我能想象在学习有关太阳系知识的时候会用到这个游戏。通常的方法是，老师站在一个模型后，告诉同学们是万有引力使得月球、地球和太阳一个围绕着另一个转动。对于维特根斯坦来说，这种方法太被动。因为在老师示范之后，孩子们对于万有引力仍没有什么感觉。为了让孩子们有切身体会，维特根斯坦推荐了一个对孩子们绝对有吸引力的游戏。在操场上，让男孩扮演太阳，按照一个方向缓慢移动；让一个女孩扮演地球，她的任务是围绕那些扮演太阳的男孩奔跑；另一个女孩扮演月球，她的任务最重，因为她要在地球围绕太阳奔跑的同时围绕地球奔跑，同时太阳本身也在不断扩展的宇宙里向外移动。过一会，男孩和女孩交换角色，使得每个人都能了解特定天体是如何运行的。[1]

两个游戏都涉及了客观世界，一个游戏涉及社会规则，另一个涉及太阳系。不涉及诸如此类的游戏，对我而言，毫无吸引力。我不参与那些游戏，因为它们似乎都以一套既定的规则开始，那些想玩的人只能接受这样的规则。我想知道为什么负负得正，而老师对此却从未有过解释。喜欢数学的孩子也喜欢

---

[1] Norman Malcolm, *Ludwig Wittgenstein*：*A Memoir* (London, UK：Oxford University Press, i958), 51 - 52.

游戏，他们不反对游戏的规则，因为在一定约束下，他们能找到独特的方法去战胜对手。满足感正来自找到这些方法并赢得比赛，而非接触到规则之外的真实社会。

毫无疑问，算术和几何学是与真实世界相连的。加减乘除的能力使一个人直接感觉到他可以掌控某些事情，不管是苹果还是硬币。几何学源于对农田形状大小准确测量的需求，所以农民和地主对此非常感兴趣。全世界的小学都把算术和几何视为实用学科，这么做是对的，正如他们将阅读和写作视为文明社会高层次竞争中成功的关键一样正确。但如果收获的仅仅是这些课程和技能，我童年时期的教育并不值得一提。我把更多近乎神奇的事归功于那些故事带给我的收获。故事中的绝大部分只是提供信息；但需要说明的是，我一点都不记得这些信息了。还有一些故事不失风趣且鼓舞人心，当我回想起来的时候，对它们的感觉依旧没有改变。《快乐王子》讲述的那个故事，在我面前呈现出另一个超然的慈善世界，时至今日，仍然鼓舞着我。

第二章　悉　尼

　　我的初中及大部分高中岁月（1942—1946）都是在澳大利亚悉尼度过的。我就读的克兰布鲁克是所很好的学校。入学时，我们兄弟几个一个英语单词都不认识，这是令人受挫的经历，那些身体壮实的澳大利亚男孩围着我们跳舞，唱着带着种族主义味道的歌谣，对我们却没有丝毫影响。当时我们感到恐惧、羞愧和消沉了吗？并没有，可能我有一点害怕，但完全不会感到羞愧或消沉。这怎么可能呢？如今我们不接受种族主义辱骂，这是正确的，但我怀疑种族主义辱骂会耽误受害者的学业发展，就像现如今我们相信的一样。[①]

　　我们兄弟几人不受种族主义辱骂的影响，有以下两个原因。其一，我们在幼儿时期了解到中国是被一群野蛮人包围的文明社会。澳大利亚男孩们又跳又叫，无意间扮演了这个角色。这不仅没使我们消沉，反而证实了我们文明的优越性。其二，我们在那所只有一间教室的学校接受了世界主义的教育。若无明确教导，幼儿只区分好人和坏人，不区分外国人和本地人。作为一个八岁的孩子，我知道岳飞是中国人，但我从未想过牛顿、富兰克林和瓦特是外国人。在我看来，他们全都散发着超凡才能的光辉，这让我想效仿他们。把这些名人当成榜样，并且从未质疑过自己这样做是否是对的，让我建立了极大的自信。

为什么孩子们不能以普世主义或世界主义的教育为起点呢？我们似乎忘了孩子会自然地被世界各地及外来的事物所吸引。美国孩子上小学时，相比当地的市政厅和水塔，埃及金字塔和中国长城可能更让他们感到兴奋；相较于奶牛，恐龙可能更加激起他们的兴趣。成年人力图确保孩子逐步形成极端的爱国主义，因为他们将其视作培养强烈的共同体意识的方法。毫无疑问，强烈的共同体意识对于我们的生计和生存必不可少，但这些和孩子并没什么关系。他们在这个年纪，也许他们一生中只有在这个年纪才可能是真正的知识分子，应该鼓励他们成为真正的知识分子，就像我当年在那所只有一间教室的学校时一样。

童年时我接触到世界主义，那我在澳大利亚的童年又有哪些经历和启示呢？有三点值得一提。其一是对自然之美的认识。小时候在重庆，我并未将自然看成独立的范畴，也许是因为我们生活在乡下。我在梯田间一阶阶地攀爬玩耍，只顾着游

---

① 我在菲律宾的高中只上了六个月，时间太短，不足以单独写一个章节。然而我可以说，正是在马尼拉，我对夹生的多元文化主义和满是敌意的民族主义产生了厌恶。

戏和到处跑，没有停下来留心周围的环境。父母偶尔会带着哥哥姐姐和我去附近山顶的寺庙。我喜欢这样的郊游，空气清新且能消耗我过剩的体力，寺中的素斋也因而变得神圣，但我却忽略了山本身。在澳大利亚的三姐妹山之旅——三姐妹山是雕刻在悬崖上的三座天峰石阵，距悉尼约五十英里——让我驻足观望，第一次相信并惊叹大自然的规模和深不可测的独特性。

其二是对社会等级新的认识。我原本以为理所当然按规则进行的事情，在那时变得不确定了。1942年至1946年间，我父亲担任中国驻悉尼总领事一职。他的工作是管理中国人社群，主要是小商人，以确保他们被澳大利亚人公平对待。我不久便注意到这些商人对父亲及家人的尊重。作为常驻的中国官员，父亲有大量的造访者——包括需要他帮助的当地中国人以及从中国来的重要人物。当地的中国人会不时送父亲一些礼物，我认为他们是为了感谢父亲超出职责之外对于他们的帮助。而父亲也会送礼物给那些权贵人士，礼物的价值随收礼人的等级而定。我视这些赠予为阿谀奉承。当我就此询问父亲时，他的回答纯粹是一套现代社会学说教，其核心归根结底以权力关系为基础。首次同自然的真正接触，使我有理由期待与自然更多的接触，形成鲜明对比的是，初次对社会本质的了解让我对未来进入社会产生了厌恶。

其三是对宗教的认识。我第一次不太当真地看待另一个世界观，这种观念与我以往的观念并存于脑中，并偶尔侵犯到之前的观念。克兰布鲁克学校有一个英国圣公会的基金会。每周我们都会在这里做礼拜。因为我们不是基督徒，英语也不好，所以我和哥哥们觉得有点莫名其妙。一天，班主任把我们叫到他的办公室，让我们在他面前站成一排，接着给我们讲了神之子耶稣和他的奇事，以及耶稣的山中圣训（《圣经·新约·马太福音》第5—7章）。我很吃惊，他这样一个权威人物竟然一本正经地告诉我们，有人在水上行走，治好了盲人，并且使死者复活。更为震惊的是，我被告知，在天国里平常的规范将会逆转，比如第一名会变成最后一名，最后一名会变成第一名，富人会因财富而受限，穷人则因贫穷而蒙福。无知的孩童比博学的成年人更有机会进入天堂。

第三章 牛 津

"那牛津大学怎么样?"牛津大学对我来说意义重大,比起它带给我的启发,更多的是让我有机会能在一个静美的环境中学习和思考。正如英国人所说,去牛津必须要确定一个专业或"就读某个学科"。我选择的是地理学,鉴于我是名浪漫的哲学爱好者,这个选择或许令人匪夷所思。但十六岁的我知道,哲学虽极具吸引力,但太抽象了。我不想在我临终时只拥有疑惑和不确定。我需要经验事实的保障,我觉得没有任何研究领域比地理学更接地气、更务实。因为自始至终,该学科的研究核心一直都是这个问题——人们在哪里生存以及为什么人们在世界的不同地方生存。我将以与民生有关的经济元素为研究起点,然后转到非经济领域的欲望与渴求,进而研究人类作为个体及在共同体中可能扮演的角色。

不幸的是,二战后的一段时期,牛津大学的人文地理学相当无趣。我强迫自己尽可能学习,并运用在克兰布鲁克学校掌握的地理知识来学习无聊的课程。同时,牛津并不要求学生上课,也不要求学生参加考试,学生只需参加三年后的毕业考试，它鼓励学生们广泛阅读，上各种学科的公开课。最重要的是，学生在各种小型聚会上彻夜交谈。不知不觉，我获得了全面的人文教育，虽然不太正规。

我在牛津的那几年（1948—1951），牛津正经历宗教复兴。然而就此事而言，"宗教复兴"与"宗教"这两个词颇令人误解。如今他们呼吁，要坚持原教旨主义精神，主张逐字阅读《圣经》，笃信福音主义推崇的家庭价值观。那时牛津的宗教复兴完全在另一个层面——虔诚且学术。我们不仅从切斯特顿（G. K. Chesterton，1874—1936）、刘易斯（C. S. Lewis，1888—1965）和艾略特（T. S. Eliot，1888—1965）等基督教作家那里获取灵感，还从海德格尔（Martin Heidegger，1889—1976）、萨特（Jean-Paul Sartre，1905—1980）和加缪（Albert Camus，1913—1960）等非宗教的存在主义哲学家那里得到启发。我们的问题并不新鲜。比如生命的意义是什么？自杀很荒谬吗？会有来世吗？除了平淡的刻板印象，生命还能被如何想象？人类的善如何彰显？在确保团队合作和生存的需要之外，善还有什么重要作用吗？也许在最后，我们的问题很简单："我们如何过好仅有的一生？"正如那些认真的年轻人所问的一样。

在美国的学校里，并不开设有关解决此类问题的课程。中学没有哲学课，大学和学院才有，但通常是一些哲学思想概论，或是另一个极端——哲学的高技术课题。美国的公立学校禁止开设宗教课程，但对以下的宗教习俗考察除外：玉米舞、祖先崇拜、逾越节、圣礼餐等。因此，宗教演变为社会学或文化人类学，并且毫无超然的迹象，即超出习俗的道德或超出生物社会的人类生活。

第四章　伯　克　利

在我接受下一阶段教育，就读于加州大学伯克利分校时，有三件事影响了我的人生观和世界观。事实上，第一件事发生在我去伯克利的路上。随着火车穿过大平原及山间沙漠，我体会到一种前所未有的精神开阔。我被景色的清澈、简单与开阔所吸引。虽然当时并不了解，但我现在明白，那些辽阔的自然景观满足了我内心深处的生理需求。同时我也明白了，为什么这座城市（这座理想的宇宙之城）使我想要歌唱，而那些迷人的乡村、多彩的民俗却没让我有这种冲动。尽管这听来可能奇怪，但我不仅更加振奋，而且比起在小镇或乡村，我在城市生活得反而更安心了。

我最终在伯克利发现了人文地理学的知性魅力，这是我原本在牛津所期望却一直没有发现的。卡尔·索尔（Carl Sauer，1887—1975）于1923年成立了伯克利大学地理系，即便在将要退休时，他依然是地理发展的明灯。在研讨会上，他鼓励研究生思考"人类在改变地球面貌上所扮演的角色"。索尔对于人类的管理工作持悲观态度，在这个所谓的文明社会中，他看到了更多权力的滥用而非妙用。因此他很少夸赞城市，也很少提及，只是在文化地理课上对其有所批判。与之形成鲜明对比的是，他热爱简单的民族，热爱他们的文化和习俗，以及他们养护地球的方式。

我发现自己十分好奇。我十分钦佩索尔广博的才智，但无法完全理解他对于民族的热爱以及浪漫的自然观，即便仅仅是因为他自己过着城市人的高级生活。我在写给他的学期论文里，以记忆中的旧金山为例，对城市大加赞美，并且表明了对城市进步的信心。换句话说，我在二十一岁，研究生一年级的时候，有意违背了这位大人物的观点和价值观。我的职业生涯因此结束了吗？并非如此，索尔给了我一个 A，毫无疑问，他被我的勇敢所打动，他鼓励学生变得勇敢。

第三件事发生于我在伯克利学习期间，但不是源自地理系，甚至也不是源于这所大学，而是来自整个社会。我研究生学习的尾声（1951—1957），恰逢美国民权运动初期。即使作为孩子，我也反对强权统治世界的观念。当我在悉尼克兰布鲁克学校最早与基督教不期而遇时，仅仅因为它说是爱而非强力使得斗转星移，便吸引了我，这是可以理解的。就像每一个理想的年轻人一样，我完全拥护公民权利和社会公正，但与同龄人不同，即使在充满关怀的社会里，我也始终敏锐地意识到依旧存在的不公正现象。公民权利和社会福利能对过去的不公平，或是现如今因生物学和出身缘故而产生的不平等现象起到什么作用？我现在意识到，作为人文主义者，自己的问题是把个体看得太重，而轻视了群体。对我来讲，毫无疑问，个体的才能和机遇差异很大。

第五章　人文主义、时间方向与进步

从儿时住在中国，到如今生活在威斯康星州的麦迪逊，期间，我尽管偶尔会受到阴郁思想的侵扰，但在生活中一直留有几分乐观。乐观态度的表现之一，是我对进步观的坚持，我一次又一次地固守这个信念，即使在反证面前，也始终不愿放弃信念。我的坚持，或许只是赞同时间是有方向的一种偏见。我之所以这样说，是因为另外一些我喜欢的词语，如进步、成长和超越，也意味着时间是有方向的。

这种偏见没有什么超凡之处。生命本身就是有固定方向且不断前行的。孩子们长大成人，身体和心智都逐渐成熟起来。最后，他们的领悟力会达到一定水平。而这个水平是由社会决定的，一旦达到这个水平，任何人都不会被鼓励再有所提升。在人们成长的最初阶段，进步原本是件好事，现在却走向尽头。超越这种社会规则被视为应受到谴责，是对社会凝聚力和稳定的威胁。

也许正是由于这个原因，以往社会很少赞同时间方向和进步的观念。例如，那些先知理所当然地认为他们的风俗习惯是神、巫师和先辈英雄遗传下来的，而非自身创造性的产物，并且不会随着时间而改进。他们的职责就是通过传统风俗习惯来维持社会和谐。能够或理应改进的观点与传统观念是不相容的，甚至可以说是大不敬的。

文明人居住的建筑显然不是一天建成的。与小村庄不同，城市是历史强有力的佐证，是长期历史进程累积的终点。然而文明人也可能认为当今世界并不是不断向上发展的结果，而是长期衰败的最后一个阶段。希腊人就区分了四个时代——黄金时代、白银时代、青铜时代和黑铁时代，并且把他们所处的时代称为黑铁时代，是四个时代中最落后的。同样中国人也将古代明君统治的时期视为黄金时代。中国人的理想不是进步而是恢复过去的荣光。只是在西方社会，自 18 世纪以来，社会前进发展的理念才深深扎根。尽管在过去约一个世纪中，这种观念历经批判，但它仍是西方思想的基础。

人文主义促进了自主个体的提升和进步。人文主义者认为，在一个真正优秀的群体中，每个成员都有足够的自信去独立思考和反省。独立思考和反省能充实自我并加深自我认知，这样的自我更为充盈、贤达，更能与他人进行卓有成效的交流。卓有成效的交流会促进友谊、增长知识并实现共赢项目的合作。由此实现的共赢提供了一个平台，使得自我能够借此获得更高层面的幸福和成就。我描绘的是一个良性循环。奇怪的是，我们经常听到的是恶性循环，而非良性循环。但是良性循环一定会普遍出现，否则，人类社会早就停滞不前或逐步衰退了。

　　总体而言，积极的人生观贯穿于我在后面章节里对人文主义地理的描述，到目前这一点是明确的。然而，我不想给读者留下这种印象，认为我要带他们开启一段人类现实的美好旅程。为了预先防止这种可能，在叙述人类的潜能和成就之前，我会首先对自我、共同体及世界进行拟人化的描述，然后赤裸裸记述人性的弱点和邪恶，以表示我的清醒甚至是冷静。

第二部分
自我、共同体和世界

第六章　孤立的自我及其联系

个体差异

　　相对于其他动物而言，人类个体之间差异较大，在这方面，教育明显存在认识上的欠缺。尽管我本人对人类及其行为方式有着浓厚的兴趣，却因对此有所疏忽而深感愧疚。因为，作为一名教师，这意味着我生活在一群都很健康看起来差不多的年轻人之中。他们有着大致相同的身体外形和阳光年轻的脸颊，站着或懒散地坐在椅子上，走路的姿势也大致相同。可是当我去游览像芝加哥这样的大城市时，却被震惊了，因为我遇见一大群各不相同的人：苗条的妙龄女子，相扑摔跤选手般的男人，姗姗学步的孩童，步履蹒跚的老人，玩滑板的少年，腰杆笔直的水兵，屈身乞讨的乞丐，身高六英尺二寸的短胡须男和四英尺六寸的长胡须男，肤色黝黑的人和苍白的人。我认为，仅仅是因为他们都穿着衣服，所以同属人类。如果他们赤身裸体的话，我会以为自己误入了动物园。

人类存在显著的个体差异。我们能看到他们之间的表面差异，然而更值得注意的是我们看不到的隐藏于皮囊下的差异。就大小和形状而言，胃的差异要比鼻子嘴巴的差异大得多。如果鼻子按胃的比例扩大的话，那么有些人的鼻子看起来会像黄瓜，有些人的则像南瓜。一只手上长六根指头会被视为不正常，但心脏主动脉上的支血管数却从一到六数目不等。食道较窄的人吞咽药片都会有困难，而食道宽的人可以在不经意间吞下一副假牙。

即便是常人，感官的敏感范围及敏感程度也大不相同。耳朵对于音频的感受力因人而异，一些人几乎注意不到的声音可能别人能清晰地听到。正因为人耳能分辨各种声音，所以在日常繁杂的生活中就要忍受各种各样的噪音。人们可以选择性地接听别人的谈话，当然也可以欣赏美妙的音乐。视力测试揭示了人的视觉优势和不足。例如，人与人之间视力上的差异足以影响人们的体育活动、驾车、开飞机，或许还会影响读书的快慢和舒适。辨别颜色是人类视觉的一个特性，但对色彩深浅及饱和度的敏感性却存在很大的个体差异。当恋人手牵手漫步在花园的时候可能会想："你眼中的玫瑰和我看到的一样红吗？"这不只是个哲学问题，还属于神经学问题，因为这取决于 X 染色体上控制视觉的色素基因数。①

----

① R. J. Williams, *You Are Extraordinary* (New York: Random House, 1967), and "Nutritional Individuality," *Human Nature* (June 1978), 46–53.

其中最显著的差异是人脑之间的差异。任何一项测试都显示出人类大脑存在令人无法想象的差异性。大脑使每个人真正地独一无二。象棋奇才可能不擅长代数。一个人在数学的某一领域表现出色并不能保证在其他领域也能够有超凡的表现。法国天才数学家雅可·哈达玛（Jacques Hadamard，1865—1963）承认，他很难掌握李群，似乎他将全部精力都用在自己的专业领域上，对其他的数学问题无能为力。[1] 有些人在谈到某些问题时口若悬河，而涉及其他话题时却哑口无言。例如，一个人在谈论诗歌时侃侃而谈，但对散文却知之甚少。这能归因于基因吗？我们都知道，由于基因缺陷，有人在变复数时存在困难，尽管在其他方面讲话和写字都很正常。

人类生理上的独特性会造成相应的后果。[2] 人们经常感觉自己与别人步调不一致，即使与那些血型相同、喜好相近的人在一起也是如此——别人已经吃完饭了，自己还在吃；别人觉得酷热难耐时，自己却仍觉得冷；别人点头表示明白时，自己却还在那里百思不得其解。日常生活中类似的例子不胜枚举。这些不一致的表现通常会因公共利益而被压抑，这是为了保持一种归属感。家庭中的归属感必定十分深厚，

---

[1] Jacques Hadamard, *The Psychology of Invention in the Mathematical Field* (Princeton, NJ: Princeton University Press, 1949) , 115.

[2] M. S. Gazzaniga, *Nature's Mind: The Biological Roots of Thinking, Emotions, Sexuality, Language, and Intelligence* (New York: Basic Books, 1992) .

以确保其存在及世代繁衍。成员需要感觉到他们是一个整体。然而他们并非是一体的。他们因年龄、性别和性格不同而区别开来，他们的观念、情感和理解力的共同点也比任何类似大小的群体要少，例如由商人、大学生和沃尔玛妈妈组成的类似群体，甚至是从城市拥挤的人行道上随意挑出来的群体。

多年前，我参加一个小女孩的周岁生日派对。她爸爸是我执教大学的研究生，我非常熟悉。小公寓里挤满了前来庆祝的人：小女孩和她的哥哥，他们的父母及祖父母，其他的研究生同学，还有少数几个像我一样的亲戚朋友。小女孩在父母的帮助下吹灭蛋糕上的那根蜡烛，随后蛋糕被切开并分给了大家，然后我们开始自由活动。有些人去厨房洗刷餐具，有些人站在客厅，还有些人找了舒服的椅子坐下。祖父母看起来放松且昏昏欲睡，研究生同学们兴致勃勃地交谈着，小男孩骑着他的三轮脚踏车四处乱撞，差点撞上他的妹妹，而妹妹开始哭闹起来，很显然她需要睡午觉了。

刚开始，我沉溺在这个舒适的小世界里。当我审视周围时，我意识到在这个派对上，我们是几乎不与别人交流的个体。小男孩和妹妹的年龄差距使得他们几乎无法相互理解；祖父打盹醒来，评论了一下天气，也无人在意；男主人正在和妻子一块擦餐具，他的思绪似乎飘向了别处；其他的研究生正在争论着什么。派对上的每个人都是封闭在自己世界里的独特个体。然而，通常我们并不这么觉得。在批判能力被唤起之前，我也不会这么觉得。

我是唯一感到孤独的人吗？我觉得不是。虽然小男孩和她妹妹不会对他们的归属感有所疑问，但成年人肯定会意识到自己的孤独，尽管这种感觉很短暂。祖父意识到他对空气的低语归于沉默；学生们自己都不太有把握地争论着；男人和女人相互招呼，然后又分别加入自己的圈子。每个人生活在自己的小空间里，不去与别人发生真正的联系，这是普遍存在的，而非现代人及其孤独的个案。人们讲述的故事——以及全世界的人讲述的故事——组成了这幅暗淡的画面。其中一个共同的主题，就是除了那些最世俗的事情，人们在任何其他事情上无法相互理解。失败的不是同局外人无法相互理解，这是可以理解的，而是与我们最熟悉的家庭和共同体成员无法相互理解。①

那么有什么补救方法呢？一种办法就是淡化个人故事，并将强烈的感情投射到神话传说中的大人物身上，比如，当代大片里的英雄和恶棍。

---

① Yi-Fu Tuan, "Place and Culture: Analeptic for Individuality and the World's Indifference," in Wayne Franklin and Michael Steiner, eds., *Mapping American Culture* (Iowa City: University of Iowa Press, 1992), 28 - 29, and Ilham Dilman, *Love and Human Separateness* (Oxford: Blackwell, 1987).

战胜孤独

在战胜孤独的各种方法中，最基本的是身体接触。在狩猎共同体中，身体上的接触不仅仅发生在大人和小孩之间，成年人之间也非常频繁。他们经常挨挤在一起，抚摩对方，亲吻对方。尤其是年轻人，喜欢成群地睡在一起，胳膊和腿搭在彼此身上，好像恋人一样。身体上的接触能建立起一种牢固的整体感，这种牢固的联系甚至胜过了亲密的血缘关系。[①] 集体唱歌是克服孤独的另一种方式。在尚无文字的民间群体中，人们找机会一起唱歌，美妙和谐的声音在他们四周蔓延，让人觉得很安心。这里只有歌者，没有听众，没有局外人来评价他们的表演，因此唱歌的人不会感到难为情。视觉往往会产生距离感，所以在集体歌唱中，他们会闭上双眼，这会提升沉浸其中的感觉。在更大的整体中，个人可以轻松地摆脱背负压力的自我。[②]

一起工作会营造整体的感觉。在一首名为《邻居》的诗中，戴维·艾伦·伊万斯（David Allen Evans，生于 1940 年）描述了一对夫妻同擦一扇窗的两面。"他朝着她的脸喷湿窗户，

---

① Jules Henry, *Jungle People: A Kaingang Tribe of the Highlands of Brazil* (New York: J. J. Augustin, 1941), 18, and Lorna Marshall, *The Kung of Nyae Nyae* (Cambridge, MA: Harvard University Press, 1976), 249.

② Victor Zuckerkandl, *Man the Musician* (Princeton, NJ: Princeton University Press, 1973), 21.

她朝着他的脸喷湿窗户。"[1] 他们似乎在拿着破布冲对方挥舞，但事实并非如此：他们只是在忙着做普通的活而已。在这个过程中，他们成为一体，比起颇不自然的挥手招呼，显得更加亲密。在田里一起劳作，无论是播种还是收获，都会产生这种整体的感觉，这也是与大自然的统一。即使是偶然经过的旁观者也可能会觉得自己与农民和大自然是一体的，由此产生宁静之感。

行军的士兵甚至比成排插秧的农民更容易在群体中失去自我。那些围观者亦是如此，他们无法抗拒同步运动的强大力量，会随军乐声跃跃欲试。士兵和旁观者的这种融合并不是平静，而是同样甚至更加令人满意的东西：力量。

言语联结善恶

人们感到他们生活在同一世界中，这很大程度上是因为他们用相同的语言来表达同一件事。我不是植物学家，为什么还要了解一朵花的名字呢？当别人告诉我，我观赏的是非洲紫罗兰（非洲堇紫罗兰的一种）时，我又能获得什么更多的信息呢？没有。知道它的名字使我安心，不是因为我多认识了一种植物，而是因为我现在能与同伴多分享一个术语，从而能与他

---

[1] David Evans, "Neighbors," from *Shenandoah* (Summer 1971), 42.

人多分享一点儿这个世界。尽管言词建立了联系的纽带，但为了有效地发挥这个功能，一定不能太多。也没有太多。事实上，我们在日常生活中所用的这种交际词汇的数量很少。在现代社会中，数量可能都不超过一百个。在社会联结方面起重要作用的不仅是共享词汇，还有词汇发音的独特方式。语言学家说过，每一个联系紧密的群体都有自己独特的语言方式，使得自己与其他群体区分开来。

如果这个群体与外界隔绝到一定程度，那么时间长了，其语言将不被其他任何群体的人所理解。身体的孤立是一种监禁，而其中形成的语言是孤立更深层次的来源——进一步切断来自外界的影响。结果如何？即使在严格的制约下，人们也能足够坦然地打造出一个适于居住的世界；实际上，太适于居住会让他们无法意识到这些限制，不知道他们的感官和智力是有局限的。外部世界如何看待这些与外界隔绝的人及其独特的语言与文化？对于这个问题，我用一个真实的故事来回答。

在中国西南山区深处，临近越南的边境处，两位美国科学家在政府招待所里偶遇。一位是昆虫学家加里·舒克；另一位是语言学家雅明·佩尔基。舒克在云南收集甲虫，很高兴又发现了四个新品种。佩尔基在收集人种及其语言，他运气更好，发现了几十种新的弗拉语。昆虫学家舒克想尽最大可能保护甲虫物种，语言学家佩尔基亦是如此，他想全力保护新发现的四种语言。甲虫是昆虫学家的珍宝，同样，语言和文化是语言学家的宝藏。并且，异域的甲虫和人在未来也有可能成为旅游资源。文化保护主义者忽略的是，甲虫的基因决定了它只知道一个不变的世界，即它自己的世界，然而，居住在中国西南部与世隔绝的人，尽管现在局限于他们狭隘的语言文化中，但却能在充分的鼓励及恰当的时机下摆脱传统的束缚，成为像加里·舒克和雅明·佩尔基一样的昆虫学家、语言学家及世界公民。①

环境与人的联结

语言不仅将人类个体联结起来，还将人与环境联结起来，这两种联结对于人类生存是不可或缺的。之前，我仔细研究合唱在促进"整体性"方面的重要性。言词被唱出来，虽然一体的感觉单靠音乐就能实现。那为何还要用言词呢？原因是，不像乐声，言词能明确地把人及非人的环境因素联系在一起，有效地起到明喻和暗喻的效果。在英语国家中，我们可以说女人是玫瑰或仙人果，说男人是狐狸或猪，我们把人与植物或动物联系在一起，不会觉得这些表达有什么奇怪。地形特征也是一样，在平时说话和术语表达上，我们会采用解剖学上的隐喻，

---

① Michael Erard, "How Many Languages? Linguists Discover New Tongues in China," *Science*, Vol. 324 (April 17, 2009), 332 - 33.

例如山麓、海岬、山脊以及河口，在使用过程中，我们会不可避免地让差异甚远之物与自己变得亲密起来。当然，不同的词有不同的隐喻作用，但在所有语言中将人与非人的环境联系起来的词汇是最普遍的。当这些词被说出也被唱出时，我们与环境的情感联系会显著加深。

　　除了自然环境，人造环境——城市、小镇、社区或房子，同样是我们的家。家或住处的大小影响着联系的紧密程度：越小，人们就越亲密。这很大程度上是因为，在小空间里，包括视觉在内的人的所有感官，都能参与其中。比如，我们对故乡和家会有不同的反应。我们的故乡可能偶尔会以这样的形式呈现——教堂、集市和游乐场的组合，而不会以我们居住的房子或大楼的形式呈现，不会像感觉和记忆世界中的景象一样，随着时间流逝，变得跟身上的衣服一样熟悉。正如我们可以穿着舒服的旧衣服成长，我们也可以在一栋普通的房子或住宅楼里长大。对物的依恋在不知不觉中产生，尤其是儿童，他们会不自觉地对周围的这些物产生一种特殊的情结。为此，童年时的家比成年后住的地方会令人产生更深的情结。① 甚至对成年人来讲，当我们卧病在床，被他人照顾，陷在蓬松的枕头和皱乱的床单里，昏昏沉沉分不清声音颜色气味时，家暂时需要提供

---

① John R. Stilgoe, "Boyhood Landscape and Repetition," in George F. Thompson, ed., *Landscape in America* (Austin: University of Texas Press, 1995), 183 - 202.

这种亲密感。之后我们确实就睡在家中。"家和其他地方相比有什么独特之处？"对于这个问题，我们可能很难给出一个答案。然而，有什么回答会比以下的更好呢？"我们每晚都在家中抹去距离意识、忘记身份和自我，陷入令人精神焕发的沉睡之中。"

对家依恋的另一个根源是稳定感。人都有感情。孩子很小的时候就学会不能总依赖父母的呵护，更不用说父母的笑容。这种人的不可预知性的道理，必须反复学习。孩子们一向性情多变，哭笑不定。成人的情绪相对稳定一点，但是争吵、和好、恋爱和失恋也在转瞬之间。人能依赖朋友吗？约翰逊博士谈及友情时表示，"人拥有的东西都有一个期限"。①

即使人类存在这样的不一致，家及家中的一切为我们提供了停泊的港湾。在家里，我们被赋予多样的情感，对此我直言不讳。离开公寓，开启一段长途旅行时，我会在门口驻足回望最后一眼。我看到：沙发上我经常坐的地方有了轻微的凹陷，那堆还没读的杂志，蒂芙尼阅读灯，樱桃木的餐桌，架子上成排的书、唱片和 DVD 光盘。令我欣慰的是，当我回来时，它们原封不动，就像在等我归来一样，只是表面覆了一层薄薄的灰尘，诉说着已逝的光阴。这种亲密的情结使我产生了另一种

---

① As quoted in Joseph Epstein, *Friendship*: *An Exposé* (Boston, MA: Houghton Mifflin, 2006), 205. The quotation is from one of Johnson's *Idler* essays.

想法：即使我不把家视作自己，还是会忍不住有这样的感觉——停止呼吸后，那个在世间多逗留一会儿的"我"并不是这具尸体，而是我的房子，是这些独特的摆设：家具、书、画和一些小玩意儿，这才是我，在没有家之前，我也是支离破碎的。①

联结不一定都合乎心意。婚姻和家庭可以是甜蜜的结合，也可能是恐惧和仇恨的恶魔。然而，与环境的联系不会产生这么可怕的结果。热带雨林中的土著居民偶尔会希望摆脱终年不停的雨，摆脱猴子刺耳的尖叫，但总体来说，雨林是他们的栖身之所，也是他们感官愉悦的源泉。对于误入雨林并迷路的外来者而言，这就是一场噩梦：密集的植被，令人窒息的高温，无法摆脱的湿气，令人作呕的腐烂气味，一切都像是把他们带入一个预谋已久的圈套，要把他们圈进大自然深深的梦魇里。群山可能会使山民振奋，但对于那些习惯了开阔空间和广阔天地的人而言，则会引起他们的幽闭恐惧，因为所有风景都被冷酷无情的群山阻挡在外。即使是热带岛屿——当地人与游客眼中的天堂，偶尔也像座芳香萦绕的监狱。至于建筑环境，我们以房子为例。它天堂般的美好也会被一件事抹去，如自杀或谋杀。此后这座房子就像聚集了邪恶一般，弥漫至屋子里的角

---

① Edward Relph, "Place," in Ian Douglas, Richard Huggett, and Mike Robinson, eds., *Companion Encyclopedia of Geography* (London, UK: Routledge, 1996), 906 - 22, and Tim Cresswell, *Place: A Short Introduction* (Oxford, UK: Blackwell, 2004).

落，包括沙发椅和窗帘。

我们聊一聊闹鬼的房子。恐怖电影大部分在室内拍摄，而非在清风吹拂的广阔空地。但是为什么"闹鬼"就寓意着不好的事情呢？为什么房子不能被慈爱的灵魂佑护呢？其实，这是可以的，只是我们很少听说。例如我的公寓在1906年是一座地标性建筑，从前是一所小学。"多蒂学校"这几个字仍然留在大门的石雕上。晚上睡不着觉的时候，我会试着唤起那令人心安的啪嗒啪嗒的小脚步声。那些曾经穿梭在这座建筑的孩子们，赋予了房子不可言喻的健康气息。

公共联结及其他

当个体意识到无力应对外界挑战时——尤其在大自然面前——人们便会团结起来。远古时代的猎人便是如此。他们依赖自然，并与野兽斗争。追捕野兽需要猎人不断迁移，因此他们的营地都是临时性的，也就是说，其社会关系相对于农业社会来说，必定是单纯且不固定的。农民必须不断围绕土地和天气与自然抗争。群体的努力针对自然，群体联结的结果也很明显：形成密集的村庄、工作团队、集体盛会及共同信仰，并且人们会偶尔聚在树荫下休息，闲聊八卦。

除自然外，真实的及臆想中的竞争对手也促使人类形成紧密的公共联系。在18世纪的英国，年轻工人致力于凶猛的运动——组对组，村对村。法国农场的工人则更加凶狠，也许是因为相较于英国工人而言，他们的聚会时间更少。工人们会走上五或十公里路到另一个村庄，只是为了干一架。这种对其他群体毫无缘由的敌对行为，一定程度上促进了群队内部的凝聚力和友情，促进了社会责任感的形成。[①]

紧张的公共生活也是近代的一种都市现象。别忘了莎翁笔下的维罗纳，以及蒙太古和凯普莱特家族争斗而产生的团结。即使是最微渺的藐视，一旦被人察觉，也会引起杀戮。文艺复兴时期，比欧洲的城市和城邦大一点的是现代早期的单一民族国家。从构成来看，这些国家不如城邦统一。它由不同人种组成，人民之间很少有共同点，因此在和平时期社会交集也很少。尽管如此，一旦外敌入侵，即使是多元民族的国家也能成为温暖团结的整体——一个"大家庭"。

联结的特点

社会生活由商品和服务的交换得以维持。这种交换在近代社会尤为频繁，频繁的交换源于对必需品的需求，甚至是急需品的需求。然而，需求影响乃至扭曲了交换的心理，以至于帮

[①] Owen H. Hufton, *The Poor in Eighteenth-Century France*, 1750 - 1789 (Oxford, UK: Clarendon Press, 1974), 360 - 63.

助他人、无私给予他人并不像现如今那样被视为美德。例如，一个村庄或部落的首领，可能会慷慨赠物，直至财富近乎耗尽，但他认为自己必须这么做以维持地位，并期望在恭敬的服务中得到充分的补偿。那时"礼物"一词的含义与现今相差甚远，只因在古代和原始群落内，若没有适当的好处，人们不会给予他人任何东西，不论是商品、服务或荣誉。换言之，给予只是互惠行为的前半部分，另一部分则是相应的回报。[①]

我赋予"互惠"以某种程度的负面意义，这么做是为了平衡社会福利文献中赋予共同体的积极意义。在所有人类关系中都难免存在歧义，这源于某些关键词的双重含义。因此，bond 一词在公共联结（communal bond）中是好的，但也会成为令人不快的束缚。with 一词意味着"一起"，同时也有"抗衡"的含义，在 fighting with an enemy 中，with 就有"抗衡"的意思。clinch 可以是爱人的相拥，也可以是搏斗时的扭打，搏斗本身也可以作为达成（加强）公共联结的一种方式。敌对行为会使关系变得疏远，但仍是关系的一种，它由规则控制，并短暂地阻挡了对手的破坏。此外，hostile 和 hospitable 有着相同的词根，这貌似给了我们这样的暗示：主人张开手臂向我们走来，内心复杂，此时，hostile 和 hospitable 这两个词的形容都不足以表

---

① M. I. Finley, *The World of Strangers* (Harmondsworth, Middlesex, UK: Penguin, 1979), 64.

达这样的情境。我们需要一个新的混合词： hospitality。①

家庭通常被认为是人类温暖的典范。在家中，人能找到由亲属关系和社会习俗决定的互助和关爱。或许是这样，但若果真如此，那也只是在条件好的现代家庭里，在那些成员年轻、崇尚自由的家庭中不会这样。在需求明显、人类的纽带坚不可破的更古老的世界中，家往往是失意和敌意以暴力形式周期性释放的场所。彼得·拉斯利特（Peter Laslett，1915—2001）曾指出，在前现代时期的世界，"人类中更可怕的暴君、杀人犯和恶棍是嫉妒的丈夫、怨恨的妻子、控制欲强的父母和缺乏教养的孩子……男人、女人和孩子必须长期非常紧密地生活在一起才能产生情感力量，使得索福克勒斯、莎士比亚或拉辛的那些悲剧作品得以问世"。②

原始群落与民族社群

在20世纪，规模较小的原始群落（"早期"或"最初"意义上的原始）数量迅速减少，取而代之的是带有政治意识的民

---

① Yi-Fu Tuan, "Community and Place: A Skeptical View," in Shue Tuck Wong, ed., *Person, Place and Thing* (Baton Rouge: Louisiana State University, Geoscience and Man, No. 31, 1992), 50.

② Peter Laslett, *The World We Have Lost* (New York: Charles Scribner's Sons, 1971), 5.

族社群。两者之间差异甚大。原始人尽管居住在狭小孤立的定居点，但他们相信自己居住在世界中心，认为自己的文化最先进。他们这么认为，是因为他们很少与外界接触。研究他们的探险家和人类学家也与外界隔绝多年，通常跟他们相差无几。另外，探险家和人类学家似乎最想弄清当地居民的生活方式、信仰和价值观，当地人以此断定外来者来此是为了寻求知识和智慧，这是可以理解的。20 世纪后半叶发生了颠覆性的改变，民族社群的人明白自己只是众多民族中的一个分支，而且知道他们处于更强大民族和文化的边缘。换言之，原始人有着绝对的自信，即使是建立在误解基础之上的自信，这是民族社群的人所不具有的。

另一重要的区别是，原始人，从简单的采集狩猎者、牧区牧民到农耕者，处在不同的物质发展层面，虽然实际上居中在太阳和其他天体清晰可见的地方，但是他们不仅依赖土地及其资源，而且生活在被称之为"宇宙"的更大的实体中。太阳对他们来说尤为重要，因为太阳是人们现实生活的向导，也是远方的指挥女神，使人在平凡中提升，给人以安慰以及精神的强大。从这个意义上来讲，尽管原始人的物质文化很简单，但他们都是世界公民。[1]

---

① Karl A. Nowotny, *Beiträge zur Geschiche des Weltbildes* (Vienna, Austria: Verlag Ferdinand Berber & Söhne, 1969).

宇宙之城和普世主义

城市从一开始就是世界主义的，并不是通过贸易和人口的逐渐增长而发展壮大的市场城镇，而是由天堂转到地上，或交替地看，从地上升到天堂。规划者寻找的是仅存于天堂里的秩序和可预见性——只存于星体运转之中。最早的城市似乎已开始成为宇宙的仪式中心——具有几何形状（正方形或长方形）朝向四个基本方位的庙宇和仪式场地。[1] 建造这样一个中心，最基本的要求是了解天文学知识以及如何将人类组织成高效的劳动力队伍。这需要搬迁村庄，铲平山丘，填平山谷以及改道河流。地球上所有的不规则事物都必须为天堂的几何规则让路。一旦建成，人们会鱼贯而入，为宫殿庙宇及其统治集团服务。经过一段时间，随着人口持续增长，原建筑的仪式特征被淹没在具有经济生活特点的房屋、商店和街道之下。各种活动成倍增长，把原先的仪式中心变成了满是商人、店主和工匠的世俗世界。[2]

宇宙之城并不是孤立存在的。其他的仪式中心也变成了喧闹的都市，公路彼此连接，也推动了人口流动及贸易发展。政

---

[1] Archeologists are unsure as to where—possibly Asia or Meso-America.

[2] Paul Wheatley, *The Pivot of the Four Quarters* (Chicago: Aldine, 1971).

治秩序控制着最富有的都市；就算没有完全控制，它的行政区也对其他城市和地区——地方农场、村庄、市镇和少数民族的飞地（聚居地）——施行控制。这个政治实体囊括所有，是一个帝国。

帝国是世界主义和普世主义的。它视自己为"天下的一切"，谦逊些的说法是，它视自己为已知世界的中心。"天下"是中国人对其帝国的称谓。帝国，不论是中国、罗马还是印加帝国，都推崇统一。它们的主要城市有着相同的基本建筑群，这些建筑呈网格状——街道呈矩形排列，这都是天国秩序的象征。除象征意义之外，网格状的布局也使得游客到来后能较快地熟悉路况，感到舒适自在。语言、货币、度量衡都趋于统一。人也是统一和平等的，在某种程度上，他们属于同一个社会阶层或组织。同一行业内的人员，如木工业、金属制品业和食品业，或从事同一专业的人员，如教学、医药和司法的衣着和举止都一样。在军队中，同等级的人绝对平等，以致无论出于什么目的任何个体都是相同且可互换的。

统一和平等的力量压制了代表物种特征的个体差异，这点前面提到过。但是，不同于村庄或小镇，相反的力量也在城市、单一民族国家和帝国中发挥作用。每个阶层都有通向成功的独特方式，都会给个人以机会来充分施展自己的才能，使其脱颖而出。换言之，文明一方面鼓励统一和平等，另一方面促进差异、等级秩序和个性发展。

商业显然鼓励个性的发展，因为它作为一种生活方式，从未在宇宙之城中扮演过正式角色。农民的播种和收获，必须要适应季节变化与太阳运动。与此相反，商人则很少依赖太阳活动或为了满足需求而合作。农民以地方为中心，植根于土地、农场和传统。商人则很少这样，为了在众多行业中站稳脚步，他们必须甘于减弱与某个地方的联系，不断流动以寻求机会。哪里有机会，他们就在哪里生活和工作，即使是临时的，即使是生活在陌生人之中。在商业活动中，陌生人可能说不同的语言，有不同的习俗，但计算的思维、语言却是相同的；通过计算——随着数字线性地增加——他们获得了一种线性的或定向的时间感，而非完全周期循环的时间感。

在社会生活中，亲戚邻居亲密关系的丢失会在与陌生人的友情中得到补偿，而这份友情是在商业事务中建立起来的。①一开始交易双方冷漠慎重，但若交易结果是互惠互利的，一种带有情感的权衡不可避免地会占据上风。随着利益交换，这种情感产生，彼此的信任不断加强；反过来，信任是进一步贸易协商和交流的基础，类似于循环的东西便建立起来。不像农村社群的联系，商人间的友情更多是一种选择——存在于个体间的关系。要成为一个个体（一个自我）必须与他人保持一定的距离。商人不是每天都见面，他们的任务也不像农民那样是公共

---

① Robert Brain, *Friends and Lovers* (New York: Basic Books, 1976)，145 - 64.

的。实际上，偶尔的短暂分离能加深关系，分开期间，他们分别追求自己的既定目标，下次见面时可以给予对方更多。在不具备地理距离的地方，保持一定距离的优势变成了对隐私的需要：自己的空间，我们可以在这个空间里反思、提高、计划并尽情地做自己，也可以尽可能地调整自己不同的心情和形象。①

---

① Yi-Fu Tuan, *Cosmos and Hearth* (Minneapolis: University of Minnesota Press, 1996), and "Home and World, Cosmopolitanism and Ethnicity," in Ian Douglas et. al., eds., op. cit., 939-51.

第七章　区隔与自我

个体的崛起是所有复杂社会的普遍现象，但在西方达到顶峰，所以我现在转向中世纪至 19 世纪晚期的欧洲。为了便于操作，我将展示个体崛起以及随之而来在以下三个社会文化领域中不断增加的隐私需求：房子和家庭空间，饮食和餐桌礼仪（礼节），以及戏剧世界。

房子和家庭空间

在中世纪的欧洲，庄园主的宅邸基本上只是一个大的未隔开的房间或大厅。所有的活动都在这里举办，就像所有的活动都发生在市场上。室内和室外的差别极小。冬天，人们进入室内，只是觉得躲避了风雨，事实上房子是透风的，尽管生着火，也不真的暖和。为此，他们不会脱下披风和帽子；因为屋内没有凳子可以坐下，他们只好站着。一些人站着谈论商业和政治，一些人活动腿脚或跳舞，还有一些人吃东西或试图在某个角落睡觉。音乐家弹奏着乐器，几乎没人留心欣赏，因为孩子们到处乱跑乱叫，狗也在追逐狂吠。室内和室外一样紧张忙碌，哪里都没有隐私，当然人们也不需要隐私。

第一次真正的改变是在大厅两旁添加了房间。一个最终成了回避的地方，即卧室，另一个成了厨房。久而久之，家庭空间越来越多地被分割，尤其在欧洲的上层家庭，这在维多利亚时期达到了顶峰。屋内除了卧室和厨房，还有画室、餐厅、起居室、音乐室、婴儿室、女士的闺房、吸烟室和先生的书房，以及楼下仆人的住处。当然，也有以往的大厅，变成了一条狭窄的过道，人们依旧站着，就像中世纪的先辈们一样，只是现在他们会脱下外套和帽子。隐私的理想在维多利亚时代的房子里得以最大化的实现。孩子有自己的房间，照顾孩子的保姆也有自己的住处。男女主人通常在各自的房间里睡觉。女人可以在闺房里涂脂抹粉、调整心情，男人可以在书房里抽支雪茄、吐个烟圈。

对隐私的需求带来了对内心生活的渴望。① 较强的自我意识历经约三百年才普及开来。到 16 世纪中叶，公共长凳被单人椅所取代，后来又改成坐垫椅。坐垫椅的优点是可以让人沉浸在自己的世界，悠闲自在。 17 世纪末之前，壁镜一直很流行，表明人们喜欢从上到下地审视欣赏自己。到 18 世纪，图

---

① 我强调了更高的自我意识所要求的物质变化。还有很多非物质的变化。例如，从
16 世纪起，有文化的人开始在写作中频繁地使用"I"，诸如"自爱""自知"
"自怜""自我""个性""忧郁"和"尴尬"等词开始进入英法文学。

书馆成为上层阶级和贵族家庭经常光顾的场所。男人可以只身一人去那放松、学习、反思，进入他人的世界和时代。书填满了书架，这些书是否会被认为过于私密而不宜曝露于众？不论什么原因，曾经有一段时间，它们被隐藏在玻璃板和幕帘之后。当主人发现这些书能显示他的好品味时，便移走了这些遮掩物。因此，对社会赞许的渴望与发展内在自我的需求产生了矛盾。

饮食和餐桌礼仪

饮食和餐桌礼仪的故事与家庭内部空间及其摆设的故事有共通之处：两者都取决于分隔（区隔）和专门化。在中世纪，数量比质量更重要。富人吃得多，穷人吃得少：真正的区别不在于食物是否美味，而取决于数量的多寡。富人吃的两种食物都不适合现代人的口味。一种是烤什锦，里面有多种非常不新鲜的肉和蔬菜（甚至是花）。另一种就是整只动物——野猪、家猪或鹿。烹饪技术的进步使人们使用更少的食材，更欣赏其独特的风味；将肉类分离，使之一道道上桌而不是混在一起；将蔬菜和肉切开，避免整只动物或一大块肉出现在餐桌上。

餐桌礼仪的进步被视为自我意识及个人尊严感提升的另一标志，这也是一个人远离动物状态的体现。在中世纪，即使是出身高贵的人也用手抓东西吃。 16 世纪，优雅的用餐者用三根手指来拿取公共盘子里的食物。意大利最早使用叉子，随后是德国和英国。伊丽莎白女王一世（Queen Elizabeth I，1533—1603）在餐桌上为用餐者提供叉子这一新奇的餐具，被批评家视为装腔作势。之后，餐桌器具的数量持续增加。1800年之后，一个精心布置的餐桌上会有水果刀、叉子以及鱼刀和汤匙，这些餐具表层镀着银，因为人们认为直接与钢铁接触会影响食物的味道。17世纪后期，即使餐桌上供应几种酒，客人也只能用一个酒杯。到19世纪末，人们用超过六个杯子来盛酒，如雪利酒、波尔多葡萄酒、勃艮第葡萄酒、摩泽尔葡萄酒、匈牙利葡萄酒、波尔图葡萄酒和马德拉白葡萄酒。客人进入餐厅时，一列闪闪发光的水晶和镀银餐具便映入眼帘。在第一道菜上桌前，桌上已摆满代表着高雅文化的器具。

如前所述，中世纪的大厅陈设极少。用餐期间，桌子才会摆好，长凳才被搬进来。长凳是最常见的坐具。人们在吃饭时共用一个凳子，仿佛他们无权要求成为分离的个体。重要的人才有椅子坐。只有他们是个体——具有权威，"权威"意味着有能力成为发起人或代理人。从我的自身经历而言，因为我和我的同学是牛津大学的学生，在大厅吃饭的时候，我们会坐在长凳上，很显然，我们并未被视为成年人。在贵宾席上，导师坐在椅子上，拥有他们自己的空间，每个人都是独立的个体。我梦想着有一天坐在贵宾席上，甚至成为首席教授，具有发言的权威。

戏 剧

威廉·莎士比亚（William Shakespeare，1564—1616）曾写道，"世界是一个舞台"。① 借此，他想表达这样一个观点：这个舞台代表着世界，它不仅仅是世界的一个模型，更是世界的一面镜子。不同于文学或建筑的成就，戏剧从两个方面——戏剧情节和剧场布局——反映着世界，两者相互强化。简言之，戏剧的历史是从宇宙到陆地，从广场到客厅，从参与到旁观，从着眼于罪和救赎的公共仪式——经由反映社会交往的悲喜剧——到沟通交往的无能、自我孤独及绝望。

现代戏剧起源于中世纪教堂的宗教仪式。 12 世纪，向世俗戏剧的重大转变首次出现：把教堂外的仪式转移到普通的公共空间；在直接反映基督教教义和仪式的戏剧中，更多使用演员参演，而非神职人员；把演员和观众分开；如果我们把观众看作教堂会众，那这一行为代表了进步性的分离，即普通人与神职人员分离、日常生活与神圣仪式分离。 1300 年到 1600年，基督圣体节戏剧一直很流行，它们展现了某些时空范围以及那段时期戏剧表演的宗教特色。戏剧在空间上上至天下至地，在时间上也同样囊括了一切，从人类的堕落直至最后的审

---

① William Shakespeare, *As You Like It*, Act II, Scene VII.

判日。显然，没有一个戏剧的舞台布景能近乎包罗整个时空。但是，有一些单独的道具，比如诺亚方舟的工作台，一幅着色的红海油画，以及画有十字的树桩。演员们用完一个道具，再换另一个。

宗教剧让位于伦理剧，尽管伦理剧依旧以《圣经》为主题，但包含了世俗元素，以幽默甚至不雅的形式呈现。神职人员不再完全参与其中。演员都是近乎专业的表演人士。到伊丽莎白女王一世时期，戏剧中不再只是寓言里的人物，日常和现实生活中的人也开始出现。伦理剧已成为一种大众娱乐形式，但其说教意味依旧存留。此外，尽管故事情节不再从人类堕落贯穿至最后的审判，但仍涵盖了全球范围：莎士比亚的露天剧场堪称环球剧院（建于1598年），因为他的戏剧里大小人物掺杂，王国与市场共存，园圃与自然同在——这是一个宇宙，是整个世界，而不仅仅是陆地风景，也绝不是个人的家庭空间。因此，莎士比亚的戏剧只能在近乎空旷的舞台上表演。这类舞台布景出现在18世纪，当时，戏剧主题倾向从政治和战争转向个人生活。19世纪下半叶，戏剧中发生在客厅的家庭矛盾标志着这种倾向达到了顶峰。

戏剧的主题转向个人生活，剧场空间的格局布置的间隔和界限也愈发清晰明确。在伦理剧中，演员和观众自由地融合在一起，某种程度上是因为舞台与观众席没有明确划分界限。即使有既定的界限，随着18世纪舞台台口的出现，有特权的观众观看戏剧时，仍会心安理得地坐在舞台上或靠近舞台。直到19世纪，随着使用幕布、变暗大厅等措施的相继实施以及戏剧的私密性不断增加，观众和演员被强制分隔开来。

观众自身的举止表现也更正式了。中世纪，观众在剧场里随意站立，到处乱走，喋喋不休，只是偶尔看一下表演。莎士比亚时期，观众们坐着并不是因为他们对舞台表演内容多么感兴趣，而是因为他们付钱买了座位，不愿花钱的观众只得站着观看表演。坐板凳还是椅子，取决于观众的地位。最后，所有观众都获得了尊严，可以坐在椅子上，虽然很拥挤，但是观众们有了自己的专属空间。与此同时，19世纪末期，黑暗的剧场氛围成为时尚，观众可以认为只有自己在观看演出。观看什么呢？不是天和地，也不是王国和公国，而是私人住宅和私人生活。在亨利克·易卜生（Henrik Ibsen, 1828—1906）1879年的戏剧《玩偶之家》（*A Doll's House*）中，娜拉离开丈夫和孩子去寻找真正的自己。在易卜生1876年的戏剧《培尔·金特》中，培尔被驱使不论付出多少代价也要找寻自我。旅程即将结束，他在剥洋葱的时候发现洋葱没有心，非常惊恐——原来自我是没有核心的。在安东·契诃夫（Anton Chekhov, 1860—1904）1896年的戏剧《海鸥》（*The Seagull*）中，特莱普勒夫悲伤地问："我是谁？我是谁？"

直到19世纪，西方开始觉得个人主义太过了，以至于人们觉得孤独和焦虑，所有的物质所得都无法弥补彼此间交往热情的缺失。如何能使人的生活更有意义？人们在考虑这个问题时，诸如"共同体""邻居"这样的词受到了社会改革者和规划者的青睐，因为这类词能唤起前现代的归属感及合作意识。今天这些词以及其他温暖的词汇与"社会、文明和个人主义"等所有暗示孤独、冷漠和客观的词形成了对比。

空间的再整合是最终答案吗？规划者和建筑师似乎这么认为，因为20世纪后半叶之后的建筑趋势就是把客厅和餐厅合二为一，并最小限度地将家里的厨房与餐厅区域分开。剧院里，撤掉舞台的台口和幕布已成为时尚，这使得舞台前端成为观众席，观众和演员可以同在一个世界里。社会改革家通过将前现代的共同体浪漫化来满足他们的怀旧情结。

最后，"个人主义"一词不再是个人潜能（包括智慧与优秀）的体现，而是单纯的利己主义。数百年的历史进程允许人类成为更加真实的自我，但人们将其视为消极的。尤其是现代的国际化都市，通常都被视为自我意识的完全释放之地，有碍于公共联结。①

---

① Yi-Fu Tuan, *Segmented Worlds and Self: Group Life and Individual Consciousness* (Minneapolis: University of Minnesota Press, 1982).

第八章　作为道德世界的城市

真正的景象到底是什么？新闻媒体让我们目睹了城市扩张的阴暗面——混乱、绝望、暴力和人情冷漠——散步在任何城市，我们都会看到残破遗弃的房子、坑坑注注的街道以及被乱涂乱画的墙壁，这些足以证明。然而，多数美国城市都有美好的一面，处处都有造福人民的地方，诸如儿童博物馆、图书馆、举办周日下午音乐会的露天音乐台、主题公园、购物商场、冬天也可以变身溜冰场的公共泳池、青少年游戏城以及老年娱乐中心。当城市首次出现改善时，我们注意并心怀感恩。表皮脱落的墙壁和坑坑注注的街道，仿佛是永远碍眼的东西，永远都让你感到不适；但是，创新和改善——即使是重大的事情——很快也会被视为理所当然。在公共场合的轮椅坡道就是一个例子。这些人行道上的铲形凹痕，在许多城市被涂上黄边以引起公众注意，耗资不菲。它们是文明的象征，但如今谁还会带着公民的自豪感来看待它们？

对城市甚至郊区的普遍指责是，睦邻的概念似乎已经丧失。即使住在隔壁的邻居你也可能不认识。自家的糖用完了或窗户出现问题需要帮助时，我们都不能去敲敲隔壁公寓或隔壁房间的门。另一方面，在城市或郊区，每个急需帮助的人都会被当成人类伙伴——邻居来对待。以下三个故事可以证明我的观点。

我先讲一件几年前亲身经历的事。我在伦敦的地铁上，要换车去朋友家，并在他那里过夜，然后赶飞机回美国的家。我提着两个行李箱上了一个坡度很大的自动扶梯。一个男人从我身旁经过，不小心推了我一下。我向后摔了下去，头正好撞在上升的扶梯上。扶梯当即停下。大量的鲜血从我后脑勺渗出。一名地铁工作人员拿着急救箱跑上来。他用胳膊抱着我的肩膀，对我说已经打电话叫救护车了，车马上就到。好像没一会儿，医务助理就赶到了，他们把我抬进救护车，然后救护车启动警笛穿梭在伦敦的街道上，奔向城市医院的急救室。在那里，医生护士因为我的到来而忙碌起来。整件事情中，尽管处于晕眩状态，我还是惊讶这个城市竟动用了如此多的资源来处理这件事。我是谁？我只是一个来自大西洋彼岸不纳税的陌生人而已，而伦敦人却暂时把我当作了他们的邻居。①

现在讲讲另外两个故事，两件事都发生在美国。第一个要借用何塞的传记。何塞是一个八岁的孩子，身患重病，高烧使

---

① Yi-Fu Tuan, "Community, Society, and the Individual," *Geographical Review*, Vol. 92, No. 3 (July 2002), 307 - 8.

他定期癫痫发作，不久他便出现脑部受损和自闭症的症状。这种间歇性发病的威胁使得他在家待了十五年。在被送进公立医院之前，他的病情持续恶化。这一可能使他无法康复的改变，却成了他走向康复的第一步。

在最坏的情况下，州立精神病院是应对病情恶化患者的"总机构"。对此，神经学家奥利弗·萨克斯（Oliver Sacks，出生于 1933 年）在何塞的报告中也大体上承认。另一方面，医院发挥了应有的作用——为那些饱受折磨、风雨飘摇的灵魂们提供避难所。州立医院恰巧为何塞提供了他真正需要的东西——秩序和自由，远离由癫痫和家庭生活的不安带来的迷惑和混乱。家庭会引发他们的种种要求，即使是庇护之地：家庭成员的不断呵护和担心是他们的强横要求。离开家庭精神上的呵护及狂热的亲昵后，何塞突然发现自己处在一个满是陌生人的职业世界里，这些人"不评判，不说教，不责难，很冷漠"。但与此同时，他们对他和他的病情有客观的认识。医院就像一个大都市，不会评判和责备，超然于道德。①

第二个例子是小说《城市》——由约翰·厄普代克（John Updike，1932—2009）所写的短篇故事。② 我没有选择社会学

---

① Oliver Sacks, "The Autist Artist," *New York Review of Books*, Vol. 32, No. 7 (April 25. IQ80, 17 - 21.

② John Updike, "The City," in *Trust Me* (New York: Alfred A. Knopf, 1987), 34 - 53.

资料，而采用了这个事例，是因为其观察细节——物质、社会及心理方面的非凡能力，只有拥有厄普代克这般才华的作家才能将这类信息收集并表达出来。它叙述的并非只是表面现象，也是整个城市的精神面貌和氛围。

故事的主人公是卡森，之前是一名老师，在经历了离婚和家庭的破裂之后，成为设备公司的推销员。在一次出差途中他患上重病，入住市中心的一家酒店，想给家人打电话，却又突然想起前妻已经再婚，女儿也跟他断绝了关系并加入一个女权主义群体。

在酒店门卫的帮助下，卡森搭乘出租车，最终进入医院急诊室。不出所料，他在医院里经历了一场噩梦，因为医院充满官僚作风。尽管医院办事效率散漫，他还是得到了及时的照料。接下来必须要进行一系列检查。X光技师指导卡森深呼吸并坚持一会，随即竖起大拇指鼓励了他。在接下来的几个小时内，几个年轻护士和实习医生来看了卡森。最后，刚过午夜，一个穿粗花呢夹克系着领带的医生来了。卡森猜测他可能刚参加完某个宴会。医院是病人的常驻之地，但他能看出这个医生是健康的，并且肯定已有家室，每天都会按时回家。那么他会在医院待多久呢？医生温和地对他说："我喜欢做手术。"然后他站起来脱下外套，"仿佛突然同卡森一起加入了一场兴高采烈的体育赛事中"。

康复的日子也有简单快乐的瞬间。卡森就像孩子一样，对科技有了全新的认识：一张装有把手、床面非常整洁的白床，可通过多种方式抬高或弯曲床垫；电视机高高地挂在墙上，轻触遥控器就可远程操控。一天晚上，卡森开着电视睡着了。右上臂被轻轻一碰便醒了过来。"他睁开眼朝着电视的方向看去，在电视的矩形空间里，恰好有一张高贵黝黑的脸冲他微笑，原来是护士在给他量血压。"

卡森康复得能四处走动了，便开始观察周围的病人。他们是一个混杂的群体，反映了这座城市及其周边的人员构成。有农民，他们的"脖子被晒得黑白分明，手因常年使用农具结出了厚厚的老茧"；有"干巴巴的老妇人；""有个体型丰满、咖啡肤色的女人，额头上有个深红色的印度教痣"；"还有个清瘦的男人，光头上有一道深长的伤口，现在已缝合好了"。当卡森向他点头并略带迟疑地和他打招呼时，他大声回复"你好，老兄"，就好像他们分享了一个令人惊讶的秘密似的。

几天后，卡森乘出租车前往机场。一路上，他几乎没有再看这座城市一眼。"突然间，一张报纸从空中散落到卡森脚下，随即又被吹走。"后来，卡森回想起"农场里的各种声音，遥远的摩天大楼，护士们夜间的巡视，待在他人未曾见过且整洁的家里面的大夫"，似乎"卡森对这座城市已经很熟悉了"。尽管卡森与这座城市的人们并未相识，甚至连他们的名字都不知道，但他们已然给予了他很多。

城市与我之前提到的家庭相比，规模上相差甚远。与对这两个社会实体的流行描述恰恰相反，并以更好的推进两者间知觉价值的平衡为目的，我选择强调家庭内的无联系和城市内的联系。对于人类，更大的命题是不论他们联系得多诚恳、多持久，不管他们的群体有多大，阶段性的孤独感都是不可避免的，这是人类共同的境况。

第三部分
弱点和罪恶

第九章　七宗罪

人文学科历来注重艺术、文学和建筑，最近强调科学。受性格和教育的影响，我持此积极的看法，与1900年以来许多富有经验的意见不大一致，因为后者倾向于关注人类的失败，蔑视人类的长处，将其视作伤感天真。例如，对瓦尔特·本雅明（Walter Benjamin，1892—1940）而言，"进步"的概念只不过是智力低下和政治腐败最后的避难所。[①]但一味强调失败罪恶，可能物极必反，会使其更接近危机四伏的自虐。若是只因为人类的失败与一般经验相矛盾就将其忽视，显然也不可取。

我建议，重视人类历史的光明面，而不是阴暗面。在呈现阴暗面时，我发现自己遵循了毫无褒奖的人文学科风格。同时，我也参考了神学对于人类罪恶的提醒，历史对我们邪恶能力的印证，法律对我们的怀疑和恶意行为的警示，以及经典文学对命运之不可改变的描述。

我从一些人性固有的缺陷开始描写阴暗面，方便起见，我用传统的"七宗罪"予以佐证。这些罪恶无论是单独还是叠加在一起，都会使生命变得贫瘠；使理想世界甚至体面的人类社会如乌托邦一般。第一宗罪是撒旦的罪恶——傲慢，它被基督教视为最致命的。傲慢使撒旦将自己视为神的对手，认为自己是价值和创造力的源泉。但他只是一个天使！很少有人——可能只有疯狂的人——才会如此傲慢放肆。另一方面，西方文明确实会夸耀一些个体，这些人越权为人类争取利益，可以说是神的挑战者。然而，这些人并不只是现代骄傲自大的个例。在古典时期，普罗泰戈拉（Protagoras，约公元前490—前420)就说了这样一句话："人是万物的尺度。"②但这个尺度是对什么而言的呢？是一切事物吗？不管普罗泰戈拉是怎么想的，古希腊人通常不再将"人是万物的尺度"这一规则适用于地球和人类世界之外的宇宙空间。置身于宇宙中，人通常会认识到自己的渺小。因此，他们能在繁星点点的夜空找到灵感。

在浩瀚宇宙面前保持一种谦逊，这种思想一直存留于人类知识与力量扩张的过程中，尤其在文艺复兴这一大探索和科学大发现的时代。只是到20世纪晚期才发生了一场根本性的变革。在学术界，一种思维方式极度扩大了人类语言的统治权，以至于包括自然和宇宙本身的力量在内，都受到这种思维方式

---

① Michael Andre Bernstein, "Walt Benjamin's Long, Limited View," *New Republic* (December 26, 1997), 39.

② Protagoras, *Fragment I*. See Robert Nisbet, *History of the Idea of Progress* (New York: Basic Books, 1980), 22.

的影响。在语言建构之外没有什么值得尊重与敬畏，它们本身就屈从于社会力量。这些思想家的傲慢已经成为真正的撒旦。他们造就了疲沓的氛围，没有知识时，很难激起热情；只有知识，没有真理上的进步，则只会收获诡辩。值得欣慰的是，这种风气不会持久，似乎已在衰落。

贪婪是七宗罪里的又一代表，它不像傲慢那么致命，因为它意味着自负的缺失而非膨胀。一个人觊觎别人的财产，认为这将有助于提升自己的生活。欲望如果与自身情况不相符，就有发展为幻想的危险。人们只有具备知识、时间和合适的心境去享受个人财产时，财产才能真正地提升个人生活。否则，财产只会占用空间，积满灰尘，人的满足降低为华而不实的占有。

淫欲。尽管娱乐甚至玩乐的本意相当单纯，但它现在的意义却是不可控制的激情和赤裸裸的权力游戏。好色者会把肉欲的享受放在首位。这不仅有违道德，也是真正性爱的激情的暂时替代。在真正性爱的过程中，个人与他人交融，利己主义会暂时消失。这种状态得以持续，便是神圣的，但是它并不会持续，正如 12 世纪《特里斯坦和伊索尔德》（*Tristan and Isolde*，1865）和《罗密欧和朱丽叶》（*Romeo and Juliet*，1597）里的悲剧爱情提醒的那样。在想象的世界里，性欲的激情从理查德·瓦格纳（Richard Wagner，1813—1883）的歌剧《特里斯坦和伊索尔德》到其高亢的唱腔《喜爱死亡》（*Liebestod*，在德语里叫

《爱死亡》）达到顶峰。这与贾科莫·卡萨诺瓦（Giacomo Castanova，1725—1798）系列作品中的男女苟合和征服形成对比，因为贾科莫的作品随着时间流逝，逐渐变得单调而沉闷。最后，只是助长了吹嘘。

后两宗罪是暴怒和暴饮暴食，当然这是两种不同的情绪和状态，但是它们有以下共同点：两者都比较狂暴，自制力薄弱，并且都针对某些外物。区别在于，发怒通过自己出气毁坏他者以寻求释放，而暴饮暴食则是以吸收他物（食物）来徒劳地寻求解脱。这两宗罪在现代西方国家急剧减少。一方面是因为人们的生活水平日益提高，另一方面是因为人们的观念在改变。长久以来，发怒代表了男子气概和力量。但自 18 世纪以来，发怒似乎不再代表强大而是代表软弱，不再代表有自控力的成人而是代表易耍性子的孩童。[1] 至于暴饮暴食，饥荒的减少使它变得不那么迫切，不断改善的餐桌礼仪也使这种行为变得不再被接受。

嫉妒像贪婪一样，让人同情，但它不是我想承认的一种感受。我可能会吹嘘我的骄傲和愤怒，把一个视为合适的自尊，另一个视为正义的爆发。如果没有注意到自身缺陷，我很难承认自己是嫉妒或贪婪的。别人获得了什么我不曾拥有的事物？

---

[1] Carol Ziosowitz Sterns and Peter N. Stearns, *Anger: The Struggle for Emotional Control in America's History* (Chicago: University of Chicago Press, 1986).

财富？权力？地位？名望？家庭幸福？其中任何一个都能增强我的自我价值感，但是对它们的渴望，不仅需要承认自己的缺失，还使我内心深处核心价值的缺乏变得十分明显，使我容易受别人评判及古怪念头的影响。此外，嫉妒不同于其他罪恶，尤为致命，因为意识到它并不会使人免于嫉妒。恰恰相反，沉溺于它会上瘾，让人认为别人拥有的东西特别美好，因而自己也渴望得到，而一旦得不到便心生怨恨。

七宗罪的最后一个——懒惰，是道德和智力的缺陷。懒惰是对存在的亵渎；懒惰枉费了上天赋予我们的感官和心智，因为尽其所用，会创造许多奇迹；懒惰也剥夺了我们人类既能作恶也能行善的活跃本性。

第十章　其他罪恶

七宗罪并不是我们现代人观念里的暴力、残忍、羞辱他人及贪婪等罪恶。在早期，暴力被人们视为理所当然；同样，残忍也只是与"粗鲁"相关的一个词。暴力、残忍以及粗鲁相伴而行，而这三者常随着社会的更加富裕文明而逐渐减弱。无疑，如今它们依然存在，只是被巧妙地掩盖了起来。羞辱他人及贪婪为阶级社会所独有。现在我要谈一下这些非标准意义上的"罪恶"。

饮食暴力

相对而言，在我们善良的年纪，我们是不赞成暴力的。当我们克制住自己的身体及言语暴力时，很可能认为自己温柔且热爱和平，却忘记了自己每日都施行的暴力——饮食。我记得数年前看过一部叫《世界残酷奇谭》（*Mondo Came*，1962）的电影。电影的开场镜头便是嘴巴的特写，两排可怕的牙齿上下移动，像是在嚼肉。镜头描绘了很多极似动物的嘴巴的活动，直到摄影机慢慢移开，才将整张人脸呈现在我们面前。这是伯特兰·罗素（Bertrand Russell，1872—1970）给我们上的一堂哲学课。现在我对此感觉好一点了，但时间不会持续太久。迟早我得面对动物及人类世界中"吃与被吃"的法则。

动物自然地接受饮食暴力。我们人类却无法全然做到，至少在我们思考如何保全自己身体时是这样的。比如，生活在热带丛林里的人，他们的饮食大部分取材于植物，他们就比较幸运。与之形成鲜明对比的是北冰洋沿岸的因纽特人，他们的食物、衣服及住所几乎都来源于动物。茹毛饮血是他们生活的常态。他们减轻罪恶感的方法之一是示以尊重。死海豹不应被放置在脏地板上，同时，狩猎驯鹿时，刮削、撕扯及缝制兽皮制作衣物被严格禁止，因为他们认为这些行为摧残了动物的灵魂。猎物同意被捕杀是狩猎部落居民普遍的看法。这是人们减轻罪恶感的便捷想法，也植根于统治一切生物的互惠主义观念中，这个观念是："如果你也接受被吃掉的事实，那就尽一切办法去吃别人。"[1]

文明在很多方面掩盖了饮食的动物性。人们想将其变成一种仪式和艺术形式。饮食仪式性地宣告人不是动物，是文明而

[1] Adolf Friedrich, "Die Forschung uber das fruhzeitliche jagertum," *Paideuma*, Vol. 2 (1941 - 1943), 21.

非野蛮的。中国人在烹饪方面比较独特，自远古时代，便养成了这样一种习惯——将蔬菜及肉类切碎搅拌起来，以制作不同口感、气味及味道的食物。除了较小的甲壳类及鱼类外，整个的动物很少出现在餐桌上。将动物切割便隐藏了其原本的面貌。用干净的手将切割的部分重组，使烹饪成为一门艺术，也使厨师成为了艺术家。

我提到过，饮食礼节及高级料理是在西方发展起来的。自18世纪开始，饮食——最初在贵族，然后在资产阶级中——才成为越来越优雅的社交活动。人们身着华丽服饰围坐在桌子旁，桌上满是闪闪发光的玻璃杯和银餐具，人们假装对彼此间的交谈而非饮食更感兴趣。人们也越来越少地认为，食物是切碎或覆盖上装饰物的动物尸体。欧洲的上流社会坚决否认食物的动物本源。在讲英语的国家，把餐桌上的整只火鸡切成片，这种行为是对过去传统的沿袭。餐桌上的客人早已麻木，以至于当主人传上一大盘冒着热气的肉并问"要鸡胸肉还是鸡腿"时，他们压根不会觉得惊奇。

享受当下味觉的欢愉，忘记食物来源于曾经鲜活的生物，对于我们享受食物十分必要。更为必要的是——实际上基本的是——抹掉一生中吃掉多少鸡、猪及牛的记忆。上百只？谁会如此奇怪地去估算呢？这是我们宁愿不知道的事实。例如，我们不想知道，美国人一年会吃掉约3500万头牛、1.15亿只猪以及 90 亿只禽类。[1]

虐待动物，亵渎自然

　　猎人对动物是残忍的，但这种残忍在农业社会最为严重。世界上的屠宰场是痛苦的地狱。动物因被用作食物和原材料惨遭屠宰，而且还被训练去做人类社会的繁重工作。这些过程使原本有灵性的动物变得温驯无情。最糟糕的情况是阉割。古巴有这样一段可怕的描述："牛的睾丸被粗金属线拴住，然后被拉伸至铁石砧座上。人们用大锤重敲睾丸，直到肌腱与身体中的剩余部分完全裂断。只剩下囊还悬挂着，但最后也会干枯掉。当牛的睾丸被割掉后，人们能感觉到牛忍受的剧痛，因为它们的牙齿都松动了。许多牛因此丢掉性命，活下来的牛不再是真正的公牛，而成为温顺的、被阉割的拉犁牲畜。"[2]

　　许多动物成为宠物。从心理学角度看，当人类与其他生物一起玩耍，一起做任何想做的事情，而不是为了一定范围内的经济目的时，人类的权力意识达到顶峰。该模式源于培育繁殖，这可能代代相传，从而培育出形状、大小、性情都满足人

---

① Elizabeth Kolbert, "Flesh of Your Flesh," *The New Yorker* (November 9, 2009), 74.

② Reinaldo Arenas, *Before the Night Falls* (New York: Penguin Group, 1994), 20-21.

类奇想的动物。

最早被驯养的动物——狗，变异很大，以至于大小从吉娃娃到圣伯纳犬不等，重量差四十倍之多。很难相信它们属于同一物种，其实，由于明显的物理因素杂交繁殖是不可能的。虽然培育狗是为了实际的用途——即使狮子狗最初也是猎犬——最终它们却成为了宠物，像哈巴狗一样趴在人的腿上，或跟其他品种的狗一样，执行主人的命令："坐下""乞求""衔回"或"打滚"。暂时的顺从使我们有满足感，这种满足感的程度怎样呢？动物越大，我们从服从与谦卑中得到的满足感就越强。动物园最受欢迎的表演是观看大象（这个天生高贵的动物），穿着勉强遮住粗壮腰部的芭蕾舞短裙，笨拙地站在球上，并艰难地保持平衡。

狗和大象对主人惟命是从，使主人感到权力的威风。金鱼却为主人带来了别的东西——将生物转变成艺术品的乐趣。相比其行为，鱼的形状及颜色对人类创造力提出了更大的挑战。物种本身就具有多样性。中国的育种者注意到了这一特点，自宋代（960—1279）起就试图增加金鱼种类。因此，他们在原本的绿色和灰色上加了金色、红色和诸如金白色、红黑白色、朱红白色等多种颜色，这些颜色以斑块、斑点或条带的形式表现出来。同时，育种者们还试图增加鱼鳍的数量和尺寸，亟待解决的是使它们游起来像夏日里随风摆动的面纱。鱼的眼睛被培育成巨大的球体且十分突出，这使它们极易受到其他鱼的攻击，撞上石头或墙壁时更容易受伤，此时，审美总是很容易退化为残暴。

就这样，许多动物根据人类的用途和喜好被改种。人类已得到豁免，但奴隶农场的奴隶除外。在奴隶农场里，主人根据体型和力量挑选奴隶，并为了自己的利益鼓励他们生育。把奴隶训练成干苦力的牲畜或马戏团表演的动物。动物表演则是另一回事，控制动物，避免其更长时间乏味的繁育途径。然而，控制依然存在，现代的基因工程技术，存在这样的可能性，将来有一天，强大疯狂的人可能会把人类当作基因橡皮泥，突发奇想将其改变。我们知道文艺复兴时期的侏儒遭遇了什么，君主把他们当宠物或珍品养在家里，或相互赠予，来满足自己的癖好。[1]

我已经详述，人类对待动物的方式是其对待自然的缩影和象征。自农业产生以来，人类便一直以严酷的方式对待大自然。为什么人们关心河流湖泊及绿色植被，而那些与我们密切相关的动物却得不到这般关怀呢？我所说的"关怀"不仅意味着禁止过度开发利用土地或过度捕捞，这些行为的确有害我们的生活及健康。确切地说，我站在更高的高度持有更包容的态度。除了自然对人类有用外，我们应把自然视为具有自身权利

---

[1] Yi-Fu Tuan, *Dominance and Affection: The Making of Pets* (New Haven, CT: Yale University Press, 1984).

的奇迹，同时把自己视为自然的一部分，既依赖于它又贡献于它。可以肯定的是，人类越来越少地持有以自我为中心的观点。道教、印度教、佛教及天主教方济会对自然的崇拜及现代生态主义运动便是例证，但他们保护自然的能力却极微小，现代生态主义运动或许是个例外。道观寺庙四周的小丛树木都是宗教可以保护的，可纵使中国一度有上百万的道教信徒，又能保护多少树木呢？

　　鉴于在对待自然方面信仰与行为的分离，在对待人方面人类的信仰及行为存在分离也就不足为奇了。即使在佛教和基督教国家，在所有布道及作品中，只有一小部分穷人真正得到同情和爱护。至于剩下的那部分人，强者与弱者是典型的控制与利用关系。致使这种不平衡关系发生，甚至被强者认为十分自然的原因是，强者把在他们之下的人视为次等人——动物。让-保罗·萨特因此说："在王公贵族眼中，采珠人与长鼻子的猪差别不大；花边工人的劳动并未使花边变成人类产品，相反，使得花边工人成为花边寄生虫。"①

等级社会中的统治

　　所有复杂社会都有等级，尽管等级的严格程度及等级间的

---

① Jean-Paul Sartre, *Saint Genet* (New York: George Braziller, 1963), 360 - 61.

社会差异不尽相同。两大文明社会——中国和印度却分处两极。中国传统上有公认的四个等级——士农工商。按照中国人的思维方式，农民之所以重要是因为他们从事"根源"的活动：生产活动。相对而言，商人从事"分支"的活动：他们只是交换别人生产的东西。中国社会历经时间洗礼，演变成一个宏大而复杂的结构，逐步向农业社会发展，商业失去发展空间。商人可能富有，但他们的社会地位却很低，除非他们有士大夫的头衔。至于那些能接受教育的农民，通过一系列考试，可成为士大夫。毋庸置疑，这种向上层社会发展的机会十分有限，只有一小部分农民有希望进入这种原本世袭的阶层。此外，尽管农民达到了在其他社会无法企及的受尊敬程度，但依旧有受歧视的情况。比如，《吕氏春秋》（一部公元前3世纪的历史概要）中写道，农民之所以被赞美，是因为他们生性古朴，能迅速听从命令。[1]

印度的社会等级森严，根据宗教信仰和职业划分。印度有公认的四大传统种姓——婆罗门、刹帝利、吠舍及首陀罗。种姓之间不得变动，虽然偶有发生，但或许也没多少阶层流动的动机。战士跟全世界的战士一样，蔑视那些热爱和平的人，甚至蔑视祭司学者，即使他们属于更高的阶层。那些低于刹帝利

---

[1] Fung Yu-lan, *A Short History of Chinese Philosophy* (New York: Macmillan, 1959), 18.

阶层的人们,将祭司与学者(婆罗门)视为社会的寄生虫,以此保持其自尊。此外,由于整个社会体系的不平等,同等阶层内部成员间便有近乎平等的地位,在这样的基础上,他们彼此亲睦并权力共享;即使其他阶层在物质上更富有,由于宗教原因,他们也可能觉得自己优于他人。

印度社会体系中最明显的差异体现在种姓内和被排除在种姓外的人——贱民之间。从事最脏工作的贱民被视为是肮脏的,而且会污染触碰过的所有东西,实际上,他们的存在就被视为一种污染。从宇宙范围内的存在来讲,这些被遗弃的清洁者及肥料运送者的地位,甚至不及奶牛、孔雀、猴子和马。就现代观念而言,这可能很难理解,但18世纪的英国却提出了类似的观点:人可以拿贵族庄园里宽敞且维护良好的马厩,与农民居住的狭窄农舍作比较。贵族显然更重视他纯种的马匹,这可能只在基督教国家不被公认。某些动物具有更高的等级,中国也存在这种情况吗?我不信中国会是例外。然而,当马厩被烧毁的时候,孔子(公元前551—前479)问道:"人还安全吗?"[①] 他并未提及马。

所有"文明"社会都采用了某种形式的奴隶制。长久以来,在全世界可以把人当财产一样拥有表明了强者将弱者看得有多渺小。然而,在不同社会中,奴隶的社会地位有显著不

---

① Confucius, *Analects* 10,11.

同。罗马人拥有希腊奴隶，他们看起来跟罗马人没什么不同，并且可以受到更好的教育。由于各种原因，这些奴隶得到了相当好的待遇。在奥斯曼帝国，受过良好教育的白人奴隶可以升至最高官职。黑人奴隶受苦最深，这未必是皮肉之苦，而是人格受辱，那些签订契约的白人奴隶也不例外。美国内战前的南方地区，非洲人所受待遇处于两个极端，可以被当做宠物和性玩物，也可以被当成役畜和驮畜。显然，奴隶宁愿在田地里辛苦劳动，也不愿意在大房子里受宠物般的侮辱及性虐待。

　　在专制社会，统治阶层成员以外的人更易受到这种待遇。相反，民主社会宣扬人民是独立不同的个体这一观念。然而这两种社会，都拥有一个共同的机构——军队，在军队里，统一和服从是指导原则。想一下美国的海军新兵训练营就知道了。应征入伍者作为独立的个体来到训练营。中士的工作便是纠正这种独特性：每个人都穿同样的制服，留同样的发型，采用特定的说话、站立、坐下、吃饭及铺床方式。标准化使士兵变得太相像，以至于他们很容易就被其他类型的军事装备所取代。而且，剥夺士兵的自我尊严更可能使他们不假思索地服从。定期受到一定的羞辱有促进作用。在南卡罗来纳州的训练营里，当一名中士说，"'抠一下你们的鼻子'，五十七根食指便会迅速伸进各自的鼻孔"。[①]

----

① Thomas E. Ricks, *Making the Corps* (New York: Charles Scribner Sons, 1997)，95.

权力面前卑躬屈膝

一个社会阶层由地位相对平等的成员组成。可是社会阶层是宽泛且抽象的范畴，其中包含很多机构，如家庭、学校、政府机构及地方企业等，这些机构显然不是完全平等的。我们以传统的中国社会为例。在士大夫阶层，父亲在家庭中的权力是绝对的，至高无上。但反过来，一个城镇的地方官，作为人民的领袖，会受到人民最高的敬仰。众所周知，磕头以及打自己的脸以示承认错误，是表示尊重和谦卑的方式。

人民的灵魂枯萎唯命是从，这种现象持续多久了？上溯至唐代（618—907）的一个故事揭露了真相。作为弟弟的一名新官准备辞行上任。他向哥哥承诺，在长官面前他将绝对服从。"如果长官向我脸上吐唾沫，我就一声不吭地擦掉。"哥哥惊骇地叫道："不，不行！""他们会把这个动作当成鲁莽的行为，要让唾沫自己干掉。"①

权力的威望及其要求的顺从绝不仅局限于专制社会，即使美国公民也无法凌驾其上。约翰·F. 肯尼迪（John F. Kennedy，1960—1999）在飞机失事中去世时，人们在其纽约住

---

① Simon Leys, in the foreword to Yang Jiang, *Lost in the Crowd* (Melbourne, Australia: McPhae Gribble, 1989), 6.

所外排队表示敬意。一个二十九岁的推销员，安东尼·欧文斯，泪光盈盈地站在队伍中。几年前欧文斯给肯尼迪的办公楼送货，在走廊里看见了他。他说："我呆住了，然后像这样开始颤抖。"他伸出一只颤抖的手。"肯尼迪先生问我为什么如此紧张，我回答：'您是美国历史上的重要人物。'他对我说，他跟所有人一样，并且说如果我扶着电梯门的话，他会给我签名。"①

卑躬屈膝是通往权力的一种方式

在阶级社会中，一个人如何才能拥有权力？人们一般认为，通过功绩可以获得权力，这种情况确实存在；否则，我们很难想象这样的社会能够维持，甚至存在。

那些没有才能和内驱力的人怎么办？他们可以通过阿谀奉承往上爬，但这也不容易，因为他必须知道怎么谄媚以及向谁谄媚。如果跟最高官员没有亲属关系，那他必须要从巴结下边的小官员开始。希腊斯多葛学派的哲学家爱比克泰德（Epictetus, 55—135），出身于奴隶家庭，他问道："我必须忍受多少苦难才能成为一个杰出的人——像执政官那般光彩熠

---

① *The New York Times* (July 22, 1999).

熠？为什么我要亲吻他人奴隶的手？"[1] 该例子取自公元1、2世纪的罗马帝国，也许有点极端，但诸如此类的事情即使在民主社会也时有发生。难道我没有给秘书送花，给行政助理送领带，以使他们方便让我顺利进入老板的密室吗？

贪 婪

贪婪是文明社会极坏的诱惑物。贪婪者总是不知满足。这会上瘾，且无法控制。以富人的房子为例。房子的大小、奢侈程度及数量有上限吗？有，当然有，但是上限极高。先进文明社会的富人和有权势的人似乎对人口规模毫无概念——认为他们只是拥有一具身体，并受其支配。比如，18世纪的英国，公爵拥有十把座椅，伯爵拥有九把，而男爵拥有八把。这些居所常以拥有许多便利设施和艺术品为荣，由此来提升主人的社会地位，即使这未必会提高其生活品质。鉴于其难以计数的财富，一些异想天开的行为必然出现。比如，一座英国城堡配有二十架显然无人弹奏的钢琴。一位公爵拥有三百六十五双鞋子，一位伯爵拥有内设三百六十五个房间的城堡。[2]

如此一来，我们无法只把这些数字当成历史奇葩而不予理

---

① Epictetus, *Dissertationes*, 4.

② Roy Perrott, *The Aristocrats: A Portrait of Britain's Nobility and Their Way of Life Today* (London, UK: Weidenfeld and Nicolson, 1968), 202.

会。还记得一位菲律宾前总统的妻子艾美达·马科斯（Imelda Marcus，生于1929年）夫人拥有多少双鞋子吗？一千双？当我了解到她有这么多鞋子的时候，我不敢相信，甚至愤愤不平。直到我想起来，在我最贪得无厌时，也曾拥有一万本书，但我从头至尾读过的不超过一百本。为什么我无法控制自己买书的欲望呢？这是一种需要填补的空虚感吗？这是一种想要凭借自身广博学识得到赞美的渴望，但填满书的书房能体现我的学问吗？难道这种欲望本身不是自我心智不全、内在匮乏的体现吗？

杀戮与战争

人类从容地面对杀戮，始于捕杀动物。千万年以来，人类都是狩猎者：每一次大的捕猎中，我们都闻着鲜血的味道，有朝一日终会把我们的内心蒙蔽。杀戮由动物扩至人类，走向这一步很容易，因为人类习惯性地将与自己不完全相同的人视为不完整的人。

这方面有大量的证据。最有说服力的是，人们运用敬语的方式不会用在其他群体身上，因为这普遍存在，似乎只是个小缺点。以新墨西哥州西北地区常驻的五种人为例：纳瓦霍人、阻尼人、摩门人、西班牙裔美国人以及得克萨斯人。纳瓦霍人自称 dineh——暗示他人无法估量自己；阻尼人自称为

ashiwi——"煮熟的"——以此跟那些没有教养的人（"不熟的"）区分开；摩门人将自己视为神的选民；西班牙裔美国人自认为 la gente——"受尊敬的人"；得克萨斯人是他们自己眼中"真正的"美国人。当然，这些人和平共处；他们都是现代新墨西哥州不可或缺的一部分。然而，诋毁他人，永远都存在引发暴力的风险。①

　　人类彼此对抗中犯下的最邪恶之事就是战争，至少历经苦难和杀戮。发生战争太过常见，以至于很难想象会存在一段没有战争的历史。以古希腊为例，我们称赞其为西方文明的先驱，但战争也是他们无法避免的事情。这个城邦几乎处于不断的战争与冲突之中。历史学家修昔底德（Thucydides，公元前460—前395）不得不将历史视为战争的历史，只是存在偶尔的和平。现在我们转向亚欧大陆的另一端，一个大家不太熟悉的例子——历史学家口中的中国战国时期（公元前403—前221）。七国或在交战，或觊觎他国，直到公元前221年秦王嬴政统一中国。从此秦王成为中国的始皇帝。这七个国家在文化上有许多共同之处。跟希腊城邦不同，它们在政治组织上也十分相似，其宗教核心是宇宙世界观，在礼制仪式中，多需要血祭。那时处处充满暴力。狩猎和战争是上层阶级最热衷且显威

---

① Evon Z. Vogt and Ethel M. Albert, *People of Rimrock: A Study of Values in Five Cultures* (Cambridge, MA: Harvard University Press, 1966), 26.

风的消遣活动。两者相互交织的攻击行为极为相似，最终导致尸横遍野。

法国汉学家格鲁塞（Rene Grousset，1885—1950）对战国时期的战争死亡人数统计如下："公元前331年秦国俘获魏国军队，斩首8万人；公元前318年秦国解散魏、韩、赵的三国联盟，斩首8.2万人；公元前312年，秦国击败楚国，杀害8万人。公元前307年，秦国的杀戮人数6万，之后秦昭襄王继位，屠杀规模进一步扩大。公元前293年，他歼灭韩魏两国，为自己赢得一席之地，一开始便以24万人头作为战利品。公元前275年在对抗魏国的战争中，只有4万人遇害，但在新一轮远征魏国的战争中，死亡人数高达15万。公元前260年，在对抗赵国的战争中大胜，尽管他承诺饶恕败军士兵，但仍有40多万人被斩杀。"①

这些数字听起来荒诞不经，人们可能认为它们只是想象出来的。但它们对社会的影响非常大，特别是大屠杀不仅发生在战争最激烈的时候，在之后的很长时间里也一直持续，那时可以有计划地屠杀俘虏。社会道德感是如何整体消失的？在当代有案可查的种族灭绝和杀戮面前，社会道德感又如何仍可能存在？

---

① René Grousset, *The Rise and Splendour of the Chinese Empire* (Berkeley: University of California Press, 1959), 40 - 41.

任何答案都必须考虑以下事实。首先是我们对肉食的渴望，我们只有通过杀死并分割一些生物才能获得，而这些生物很明显是我们的"同伴"，甚至在另一种心境上可称之为我们的朋友。厨房台面上的血迹不会烦扰我们；屠宰场里血流成河，但提及这种事会让人食欲全无，当然，食谱上对此从未有半点描述。其次是我们乐意看到别人成为次等人，被潜在的危险所包围。再次是可替代性。这些杀人者不必担心灭绝那些可能对其有用的人，因为他们相信，只要不是彻底根绝，总会有后来者，就像牛跟草一样。这种替代性的观点引发以下观点，即将人类看成是以群为单位或世代繁衍——每一代都是最强者——而不是由独特的个体构成。最后是单纯的杀戮诉求的吸引，与被动的杀害形成对比。杀人者把自己幻想成死亡管理者——手持镰刀头戴兜帽——自己却不能被残杀。杀人者处于死亡之上。这种心理把更强大的力量施于群体：骑手冲越战场，利剑砍在飞驰的士兵身上，他们一定感受到力量疾驰的兴奋和刀枪不入的快感。

我已经给出了杀手们的观点。那受害人呢？身处集中营的俘虏，列队等待被那些纳粹刽子手射杀，他们是如何看待自己和对方的？令人惊讶的是，他们和那些刽子手的观点一样。出于这样的事实，受害人知道他们一定会死，所以根本不会试图自我保护，比如走出队列去维护自己的尊严。不管他们曾经是谁，权力的不对等使得被害者本身都认为自己无足轻重。还有另一个例子。在臭名昭著的伊拉克阿布格莱布监狱，囚犯被脱光衣服，在地上爬，沦为了动物。那些军事管理者不必动武，便可看到一个蠕动的裸体金字塔，并以此为乐。在简单的指令下，囚犯便会就位，跪在另一人身上。管理者们戴着手套，把囚犯们倒吊起来，拉升至他们想要的高度和暴露程度，然后给囚犯的头上套上塑料袋子，使得他们连动物都不如，只是一袋袋肉。[①] 接下来的不是杀戮，杀戮并不是这个游戏的一部分。而且，权力如此草率地被使用，杀戮似乎就显得有点虎头蛇尾了。

一个人可以轻易失去自我价值感，并陷入自我消沉的困境，这是令人深感不安的心理实情。不一定需要极端的权力不对称，这种情况就会发生。所需的一切似乎不可改变。正如我前面所指出的那样，即使在一个民主国家，健康的年轻人在他人面前也可能颤抖，并接近崩溃的边缘。为什么？因为他碰到的那个人恰好是肯尼迪。显然，与有声望的人偶遇足以使一个人忘记这一点——他也是按照神的形象被创造出来的。

善与恶的反讽

我们都希望坚持的道德律法是善生善，恶生恶；事实上，

---

① *Standard Operating Procedure*，a film by Errol Morris (Sony Pictures Classics，2008)，and Jane Mayer，"The Black Sites," *The New Yorker* (August 13，2007)，46 - 57.

如果不是如此，我们很可能会变得疯狂。作为个人或社会，如果我们做一些真正善的事，会期待产生预期的结果，并且希望有意想不到的收获，作为奖励。此类事情确实发生了：如果人们深思熟虑之后去做善事，确实会得到好结果，且可能会一直持续。那么恶呢？常识告诉我们，如果我们做了一些真正恶的事情，可能会预料到产生持久的邪恶影响。地球上激烈的战争可能或多或少造成景观的永久荒芜。战争确实不应该产生繁荣！如果恶能生善，我们人类几乎不可能有望以史为鉴，并得到道德上的进步。

　　那么，历史在向我们倾诉什么？想一下亚历山大大帝（Alexander，公元前356—前323）。他是什么样的人？"伟大的"人吗？如果他是"伟大的"，那是从哪个意义上来说呢？他能配得上这个评价吗？历史学家博斯沃斯（A．B．Bosworth）断定亚历山大确实是"伟大的"。他是至高无上的杀人天才！将大量时间都用来杀戮。历史课本通常告诉我们，亚历山大是世界的征服者，所以他当然必须杀人。但他也有一个崇高的愿景——让人民得以融合，文化得以交融，使"四海之内皆兄弟"成为现实。而博斯沃斯认为，亚历山大心中从未有过这样一个友爱的世界，这种想法在他心里只是转瞬即逝。埃及托勒密王朝和塞琉西王朝东部，种族缓慢杂乱地交融着；在这些地区希腊语成为通用语，思想交流也因此得以促进；希腊雕塑对早期佛教艺术产生了重要影响；在亚历山大时期，犹太和希腊文学真正地结合在一起。若亚历山大不曾征服世界，这些进步会发生吗？[1]

另一个善生于巨大的恶的例子是13世纪蒙古帝国的建立。蒙古人利用其组织天赋与冷酷无情取得了成功。骑术和在马背上作战的技能使他们每个人都变得强大，而其成功更重要的因素是建立了由人类和动物组成的军事机器。为了提高效率，作战单位脱离了古代的亲属联盟，全部采用强健的士兵，并采用了10，100，1 000和10 000的十进制分组。蒙古军队将西亚所有城市夷为平地，幸存下来的人们被围捕起来，分批且有次序地被根除。纳粹从尸体的金牙上提取黄金，而蒙古人将受害者开膛剖腹取出吞下的珠宝。中国成了蒙古帝国的南部疆域，征服者首先考虑杀光人口，以便植树造林建立牧场。他们放弃屠杀，只是因为中国官员说服他们，通过系统地"压榨"人口，即通过税收的方式将获得更多。拥有上百万的人类牲畜，征服者不必费心于管理便能获得财富，这对征服者是多么的便利！

蒙古部落所做的恶事使得人们希望他们得到应有的报应，这一点无可争议。更邪恶、道德上更可疑的是，人们希望蒙古人侵略的国家保持荒芜，以此永远提醒人类的恶。确实出现了

---

[1] A. B. Bosworth, *Alexander and the East: The Tragedy of Triumph* (Oxford, UK: Oxford University Press, 1996).

荒芜,但并没有持续。到13世纪末,有些城市仍是空壳,但其他城市却蓬勃发展起来,部分归因于蒙古人建立的安全贸易路线。在波斯,征服者将高层管理权交由当地有才能的人:不同种族和文化的共同体在一起和谐地工作生活,创造了一个充满活力的国际大都会。在中国,蒙古人不信任当地人,将高级管理职位交给外国人。不曾想,却有了意外的收获,过去官僚机构中的中国精英现在有时间发展艺术和文学,使得两者得以繁荣。具有讽刺意味的是,那些最初把中国人口视为未分化的共同体并想将其移除的蒙古人,却创造了条件,促进了高度分化的个人(艺术家和作家)的兴起。随着时间的推移,中国甚至学会感激蒙古人,因为他们将早已分裂多个世纪之久的南北方合并在一起。总之,经历了前所未有的重创,文化和社会中很多好的东西在二十年后又出现了。[①]

只有神能从"无"中创造世界

人类只关注善,却忘了善之前的恶,并且在某种意义上,恶使得善成为可能。原因之一是,我们是造物者,在创造过程中——如我之前详述的那样,不只是做饭时——毁灭必定先于创造。只有神才能从"无"中创造世界。人类只能从现存的某

---

① David Morgan, *The Mongols* (Oxford, UK: Blackwell, 1990).

物中创造，这也就意味着必须先有一个毁灭过程。即使做一条最简单的长凳，也要先砍倒一棵树。古代中国的建筑材料是木材，从1世纪开始，大城市兴起，需要砍掉北方地区的整片森林。然而讽刺的是，即使最文雅、最文明的艺术——书法——也会造成林木破坏。写字要用到墨汁，而墨汁是由松树燃烧产生的烟灰制成的。破坏只是时间问题——并且没过多久——大唐官僚机构消耗的笔墨便用尽了山西及河北太行山的树木。[①]

神与我们的另一区别是，神造物并无压力与紧张。这两者正是我们无法避免的。然而，若我们取得成功，人类产品便似乎只是纯粹的灵感，看似如神造物般轻松完成。我们知道米开朗琪罗（Michelangelo，1475—1564）的《大卫》是用卡拉拉大理岩雕刻而成，优雅完美。莫扎特（Mozart，1756—1791）创作的音乐作品，似乎轻而易举便可完成。我们知道这两位艺术家并非如此轻松，他们的创作都十分艰辛。

然而，建筑却呈现了不同的故事，并提出了一个并不适用于小作品的道德问题。建筑师不同于画家和作曲家，他不会因自己尚在建造的工程而受到好评。那些艰苦危险的工作由工人和工匠完成。16世纪末的中国，佛教的传播推动了建筑的蓬勃发展。一位严酷的官员要建造七十二座庙宇。一个和尚谴责

[①] Yi-Fu Tuan, "Our Treatment of Environment in Ideal and Actuality," *American Scientist*, Vol. 58 (May-June, 1970), 244 - 49.

他，如此快速地建造会带来死亡和痛苦。他这样回答道，子孙后代只会看到壮观的结果，对于死去的人和牛则全然不知。[①] 在 17 世纪的法国，凡尔赛宫是建筑的杰作，它的建造不仅成为专制君主路易十四（Louis XIV，1638—1715）的专属居所，而且表达了文明社会的理想。为了掩饰伤亡程度，工作中受伤和死亡的工人在夜间被运走。[②] 时至今日，大型工程仍可能会造成伤亡。例如， 1967 年蒙特利尔世界博览会施工期间就有工人不幸丧生。施工单位给他们的配偶发放了免费门票，以此作为部分补偿。

乌托邦的灾难

尽管建造建筑及公共空间会造成人员伤亡和经济损耗，但它们将为委托建造及使用的人们所享用，长久服务于公众。欧亚的寺庙、教堂、宫殿、豪宅及公园就是这样。我的问题是，若空想的君主决定在建筑和公园建成之后，还要建造一个新社会，会怎样呢？中国第一位皇帝秦始皇就是这样一位君主。他看到诸侯争霸、全国分裂割据的乱状，于是力图用统一的帝国来结束这种状态。他用残酷的武力征服了六国；统一驿道，减

---

① Arthur F. Wright, *The Sui Dynasty* (New York: Alfred A. Knopf, 1978) , 49 - 50.

② Gillette Ziegler, *The Court of Versailles in the Reighn of Louis XIV* (London, UK: Allen & Enwin, 1966) , 30.

少士兵和商人长途奔波的疲劳；建立了高度集中的政府，颁布法令统一语言、货币及度量衡。他还焚书坑儒以确保不会出现反叛思想，造成社会动荡和混乱。始皇帝的统治只维持了十五年。但是在其恶行中，有善的存在吗？在这第一位君主的战争及蹂躏下，留有长存的遗产吗？回答可能是"有的"，建筑方面有长城、道路系统及其他宏伟工程，政治方面有他一直怀揣着的天下和平及稳定的梦想。[1]

当代，对统治者来说，真正的挑战在于改变人性，使人类聚居的地球拥有全新的人。但结果证明不论他们是多伟大的独裁者，这都完全超出了他们的能力范围。独裁者可以创造的是一致性：集体农场、工厂景观的一致性，没有独立思想的人的一致性，大规模杀戮成为技术的一部分后尸体的一致性。

马克西米利安·罗伯斯比尔（Maximilian Robespierre，1758—1794）及路易斯·安东尼·德·圣瑞斯（Louise Antoine de Saint-Just，1767—1794）等法国革命者倡导的一个计划似乎能充分体现当今社会中所有的好事物。其中最主要的是仁爱（仁慈、幸福）。当慷慨达到顶峰，且打着社会正义的名义时，仁爱便被扩展至原来的边缘共同体——穷人、女人、黑人及小孩。改革者热衷于爱这些人，但时常发现这些人并不可

---

[1] A remarkable scholarly book that has something favorable to say about imperialism is Lewis Feuer, *Imperialism and the Anti-Imperialist Mind* (Buffalo, NY: Pomethesus Books, 1986).

爱。结果导致日益增多的不宽容，并最终对于那些不服从或不符合标准的人也产生了深深的、不可原谅的怨恨。紧接着便是恐怖统治，所幸并未持续很久。

　　未来会怎么样呢？人类总是因其有限的可塑性及巨大的差异性让独裁者失望。基因工程可能会使人类更容易塑造；多样性与多层次得以实现，这源于屡试不爽的教化和身体胁迫，以及以媒体技术的巨大改进为基础的最新的营销心理学方法。群体（种族、民族）文化及认同违背该潮流，且似乎能够抵抗全球化。群体有通过强烈的共同价值观来抵抗全球化的政治意愿。但正如我前面提到的那样，它也有自身的缺陷：对个性的蔑视，对外来者的猜疑，以及对所有进步的质疑——包括社会的及物质的——这些对人们熟悉和已知的事物产生了威胁破坏。

分裂的自我与恶

　　我提出了关于恶的问题，并且说过恶似乎能与善明显区分；此外，我还用这样的方式去暗示人的善恶之分。当然，这是一个总体的简化。一天之中，我们都是分裂的自我，扮演着各种全然不同的角色。其中最明显的一个是生物性自我及社会性自我之间的分割；前者粗俗鄙陋，后者举止文雅。我坐在抽水马桶上时，更具有动物性，随后我又喝着土耳其咖啡读《纽约时报》；有时我跟学生一起在厕所排队，有时我又是人文地理学教授。如果没有注意到这些转变，那是因为我的行为能力及理智要求我不去注意。我怎么能带着生物本我的形象进入教室授课呢？

进入另一种角色时，忘记前一种角色对生命至关重要。这可能有一定的遗传基础，这一点是真的，同时文化也必然发挥了一定作用。它通过区隔空间得以实现：一种空间激发一种行为；另一种空间促使另一种行为的产生。但是，我给出的由生物性向社会性转化的例子，却并非伦理问题；而社会行为的巨大改变却是或可能是伦理问题。在纳粹集中营里，党卫队军官在自己的营房里是一位绅士，一旦进入犯人的营房，则变成自大、施虐的怪物。跟其他人一样，我也被这种巨大的转变所震惊。而如今我却有一丝明白，将其视为一种普遍行为中的极端情况，就像不断改变行为的人一样，自己不会感到发生了什么不寻常。

区隔的空间是先进社会的特征。先进社会会鼓励人们去扮演好自己的角色，简单社会不会发生这样的事。如我之前所说，角色扮演会侵蚀人诚实的品质。另一方面，先进社会在区隔空间的同时也提供了隐蔽的地方，比如僻静的书房，一个人可以躲在里面思考自己到底是谁。有多少人真的这么做了？他们多久会做一次呢？其实，很少有人会这么做，这样的行为也很罕见。反思是一次冒险，因为这会产生人们难以接受的发现——没有核心自我，引发对社会恶意的深刻认识，以及对社会冷漠的看透。那么我们就不该进行理智的自我反省吗？自我反省是物种的一种独特能力，宇宙耗费了一千四百多亿年才产生，而我们却用如此短暂的一生去实践，这很遗憾。而且，在自省过程中总有可能产生一些好处。自省让我们更了解自己的癖好、恶以及弱点，更简单地来说，认识到自己本质上的自私。允许这样的自我认识萦绕、奚落我们时，我们便可期待自己成为真正道德的人。①

_____

① See Rag Saner, *Living Large in Nature: A Writer's Way to Creationism* (Chicago: The Center for American Places at Columbia College Chicago, 2010).

第十一章　个人主义

我已经讲述了人性及人类社会的缺陷，在此我先强调一下几个要点，再对人类的天赋以及他们运用天赋所取得的成就进行描述。要点之一是个人主义。个人主义意味着自私。"个人"这个词本身便稍有消极的意思，它意味着独立——一座独立于大多数之外的孤岛。"自我"这个词更糟，尽管从精神分析的意义上看其在"本我"及"世界"之间是中立的，但它能直接唤起人想到"自我主义"和"利己主义"。在极端情况下，自我会寻求超越同伴的强大力量，然后将同伴削弱为顺从的非实体。若非如此，自我在诸多自我的海洋中将处于失去自身独特性的危险中，后者都在谋求着相同的优势。孤立自我的对立物是加入强大的群体，为群体牺牲小我。满足感来自该群体较于其他群体的优越感，使其他群体处于从属地位，要么为其所用，要么成为新奇有趣的东西和玩物。

手握权势者把人当成役畜或驮兽使用，这是可以理解的。但与此同时，为什么他们又在人身上寻找那种所谓新奇特性的东西呢？答案源于与权力相关的心理和审美。动物园主管想让动物园里有各种各样的动物。对于统治者来说，他想让自己的管辖范围内有各种肤色、各个种族的人——当然，前提是这些人完全承认他的权威。无论过去还是现在，统治者在自己的花园里，都积累了各种怪模怪样的动植物，甚至是长相怪异的阿兹特克人。这些花园是统治者的财富，乃至世界霸权的象征。①

那么美国那些自由派的统治者呢？他们偏爱多样性，从以下两方面我们可以看出：一个是他们可信的一面，另一个是不太可信的一面。可信的一面可以这样理解，自由派统治者向多样性的推进代表着向自由化更近了一步。这表示，每一种重要的文化及信仰都更关注人类的核心价值，多种文化彼此接近，互相碰撞，共同繁荣，最终产生共同受益的创新。不太可信的一面（真正黑暗的）包含三个部分。一是经济剥削。少数民族及新进的移民很受欢迎，因为他们提供了廉价劳动力，从事那些飞黄腾达的美国人不屑的工作。二是使"我们的黑人小兄弟"（当然，他们从未用过这种表达）处于良性的指导下而感到道义上的满足感。三是经济动机及美感的融合：少数民族身着多彩的传统服饰，提供富含香料的食物，这本身就是旅游卖点。少数民族聚居地及特色节日能够产生利益，那些动植物繁

---

① "Cortes's Account of the City of Mexico," *Old South Leaflets* (Boston, MA: Directors of the Old South Work, Vol. 12, No. 35 (n. d.), 9 - 10.

多的动物园与花园亦是如此。

　　我已长篇论述了关于个体的种种，使其免受自私的指控。现在是时候说些相对积极的东西了，但要说的这些似乎又避免不了矛盾：个体是有归属感的生命，关心自己的故乡，同样也关心世界；一个人喜欢独自工作，但也要为了共同利益与他人合作；珍爱自己的生命，但也甘愿为了朋友或理想冒险。任何名副其实的城市都想拥有这样的公民。他们来自专业或业余的社团，社团的繁荣彰显着城市的活力。社团成员不会像宗族统治下的城市居民那样一直都以集体游行来应对威胁或与对手竞争。而且，现代社团不同于以往的社团，不痴迷于保护商业隐私；他们宁愿去尝试增加自己的爱好与热情。他们定位于未来，这与过去那些定位于民族或种族并受传统束缚的共同体形成鲜明对比。

　　那么政党团体呢？它们与拘泥于传统的共同体相似，都是为了保护群体的特殊需求及利益而成立的，不是以社会整体进步为目标，它们趋于保守而非激进。但也有例外，领导美国建国的政治党团会议就是一个极具代表性的例子。一群有主见的人于1776年相聚费城，在独立的殖民地基础上建立了联邦，以此对抗对其剥削掠夺的英国。这一做法或许使得联邦看起来只是一个对抗外来威胁的工具。事实不止如此。其更大更高的目标无疑是有远见的，即让美国成为一个新社会，一盏"山上明灯"，一座人类的灯塔。

谁能加入呢？此时，共同体与社团又有一个重要的区别。共同体成员关系亲近，局限于一定范围，他们属于同一家庭，拥有同一祖先，或拥有相同的肤色。相比之下，社团成员具有开放性。那些致力于干细胞研究的人，拥有必要技能的人都能加入其中。拥有其他兴趣和热情的人也受欢迎。就这一点而言，国家是共同体的形式，并非作为社团存在。它们的意识形态要求人们有共同的根基，并对外来者持怀疑态度。在这一点上，美国又有所不同。不同国籍和不同社会及经济阶层的人都可以定居美国。然而老旧的公共偏见却一直存在。很长一段时间里，相较于深肤色移民，美国更偏爱白皮肤的到来；相较于东欧和亚洲人，他们更欢迎西欧人。在美国，社会和学术机构对女人和少数民族存有歧视。还有奴隶制的损害。然而，这些歧视与最初的目的及理想完全相悖，国父们用雄辩的口才宣告的目的及理想，最终逐渐消逝。

第四部分
人的能力与潜能

第十二章 感官能提供什么

以"人文科学"为话题的书很少引起人们感官的愉悦，而感官愉悦是日常生活的一部分。感觉被忽略，也许是因为通过感觉所得并不被视为一种成就。毕竟，动物也有类似的感官愉悦，尽管它们的感觉可能达不到人类的高度。对于动物，我们可以说，当身体健康感官功能良好时，活着便是一件乐事。但对于人类，我们还要加上一点，人的心灵及其产物（艺术、舞蹈、文学、音乐和科学）所起的作用——不仅使身体及感官运行良好，还让生活充满生机。

感官是我们获得体验的生物学基础：它们的功能便是我们的潜能，它们的局限便是我们的命运。我刚给出的对感官的概述，强调了它们的功能，是为了引出以下问题："我或我们如何获益？""其他时代和地方的人如何获益？""获益多还是少？""一些人感知上的收获和丰富，以及另一些人感知上的匮乏，在多大程度上取决于文化和环境呢？"

最后一项要点是，有一些实际问题："如何学会热爱呵护我们的环境？如何负起我们的生态责任？除非我们用所有的感官去感知，除非森林草原对我们来讲不仅是一种景色，还是一种声音，一股芬芳。"

动　觉

生命就是运动。婴儿摆动腿、爬行，稚童蹒跚学步。年幼的孩子爬树，在树枝上倒挂，抑或奔跑，他们的小腿像打蛋器一样忙碌。青少年可以把自己训练成运动员，且不论什么运动，运动员的照片都很优雅，我们欣赏运动员不仅因为他们的优雅——运动美学——还因为我们对其活力与快乐感同身受。训练是一项工作，训练本身并非总令人愉悦。但人们还是甘愿从最小的年纪开始训练。婴儿擅长爬行，那他为什么要努力站起来走路呢？只是为了摔倒吗？婴儿反复尝试直到成功，以防又回到屡试不爽的爬行阶段，从而达到符合婴儿不断增长的自尊心的水平。终极的身体优雅体现在舞蹈上，在西方国家则表现为芭蕾。跳舞时，身体在运动中不时穿插着短暂的静止，成为动觉的艺术。但对于舞者来说，舞蹈不仅是动中带静的艺术，它还克服了身体的惯性，即向下的重力——一个词，自由。

婴儿通过站立挑战重力作用。有造诣的舞蹈家在这方面将人体的潜能发挥到了极限。两者之间还存在社会性的肢体行为和动作，它们并不像对抗重力——我们的物质性——那样对抗我们的动物性。在养育孩子的过程中，最多的是教他们如何表现得体。

行为得体意味着每个姿势动作都要符合具体场合。理想情况下，社会是一支舞蹈，每个社会都有其世代相传的编舞。作为美学展示的舞蹈与作为舞蹈的社会本身之间的区别，在于后者基于权力的不对称关系：向上级、专制君主卑躬屈膝，这都是服从的姿势。然而，鞠躬可以是相互的，以此来承认彼此的尊严。以肢体动作去尊敬他人是礼节极力倡导的。西方国家礼节的特殊吸引力植根于所有人在神面前一律平等的教义。这就是路易十四在凡尔赛宫的走廊内偶遇女仆时，特意向女仆摘帽鞠躬的原因。这一姿势使得国王与女仆的地位变得平等。这是作为舞蹈的社会所呈现的最好状态：有舞蹈的总体特征，因它具有典礼或仪式，其中所有部分——所有角色都很重要。

亚里士多德（公元前384—前322），以触觉、嗅觉、味觉、听觉及视觉五种感觉对应土、水、气、火及构成宇宙的其他元素。虽然这个数字很随意，但西方文化似乎受其限制。部分问题在于"感觉"这个词的模糊性。我们具有动觉还是一种运动的感觉呢？辨别湿度的能力是一种独立的感觉，还是应该包含在"触觉"范围内？人类像动物一样有方向感吗？地理学家的地方感又是怎样的呢？[1]

---

[1] 在这方面，我们要归功于地理学家约翰内斯·加布里埃尔·格兰（Johannes Gabriel Granö）的开创性工作，他通过非视觉手段，特别是嗅觉和听觉，证明了人类绘制空间的能力。参见其经典作品，*Pure Geography*（Baltimore, MD: The Johns Hopkins University Press, in association with the Center for American Places, 1997）。

我会坚持传统的五种感觉，并且，我接受西方文化赋予视觉及听觉——两种远距离感觉以特权。我这么做是因为，尽管文化强调的感觉有所差异，但一般的历史趋势更注重视觉与听觉。因为这有充分理由：人类首先是视觉动物，依靠视力辨别方向，获得物体控制感。至于听觉，它的作用因人类掌握了语言而变大——语言是最精确微妙的交流方式。在西方，有人说在天主显身中见到神并获得极乐，也有人说听到神并遵从其指令。嗅觉及味觉似乎在我们现代人眼里声望最小，尽管跟听觉与视觉相比，它们对我们健康生活的贡献即使不是更大的话也是一样大的。我们忽略，是因为它们太接近我们的动物本能。触觉也被忽视了，但它对生活幸福及相应的生活本身的重要性是毋庸置疑的。

触　觉

人类学家阿什利·蒙塔古（Ashley Montagu，1905—1999）[①] 指出："一个人耳聋失明，或完全失去嗅觉味觉，可以度过一生，但若失去皮肤机能，则根本无法生存。"皮肤刺激对于消化系统及排泄系统的正常工作极为必要。哺乳类动物

---

① Ashley Montagu, *Touching : The Human Significance of the Skin* (New York: Harper & Row, 1978), 8; see, also, Constance Classen, ed., *The Book of Touch* (Oxford, UK: Berg Publishers, 2005).

没有这种刺激便无法生存。同时触觉也是一种愉悦。小孩子依偎在母亲的怀抱时会感到快乐。一旦他们发育成熟，身体接触（相互探索的触觉愉悦）便减少了。我们人类属于特例，因为我们在性交及其前戏中，还会有触觉愉悦。延伸性的性交前戏与求爱仪式不同，属于典型的人类行为。很多动物放弃或缩短了这一初始状态，因为性前戏需要一定程度的审美距离，而这些动物不具备。试想，在人类性爱前戏中，手的动作从凌乱的头发、坚挺的胸，到腋窝下柔软的肌肤、有力的大腿和膝盖坚硬的盖骨，这一切记录着期间所有的温度，从鼻子的干冷到腹股沟的极热。在人类性交中，皮肤拍打着皮肤，骨头挤压着骨头，体热混杂着热的呼吸，手脚狂乱，任何其他动物都无法比拟，因为人类毛发较少，人的手臂可以拥抱，手可以抚摸。我们为黑猩猩和海豹感到遗憾，黑猩猩厚厚的毛发抑制了皮肤的愉悦，海豹缺少可以相互拥抱的手臂。

"奢华"的本义是性爱，且只是性爱。与其说沉入柔软光滑的枕头床单，不如说沉入爱人柔软温暖的身体；与其说包裹在貂皮里，不如说包裹在强壮而温柔的臂弯内。因此，奢华是人类普遍共有的，是众所周知的，如果奢华只有短暂的一瞬，那便是婴儿接触母亲的身体之时。然而，除了这种体验，触觉体验因人而异，取决于环境和文化。毕竟，北极的猎人，热带森林的采集者，中纬度的农民和太平洋岛屿的渔民能有什么共同点呢？他们共有的不是触觉的细节——北极严寒的侵袭，海风吹拂的岛屿上的海浪，热带地区扑来的热浪等——而是抽象的感受，是他们偶尔在工作中感到的严酷，无论是什么样的工作。

那么，严酷将所有传统的户外生活手段与现代环境中的办公室工作区分开来。起初，对我们现代人来说这似乎是个改进，但仔细想想，情况并非如此，显然我们人体不仅仅需要良好温和的环境。证据之一，我们现代人涌向海滩，在太阳下烤晒，攀爬高山峻岭，任狂风雨雪击打，以寻求严酷的环境。不同的文化为人们的需求提供不同的解决方案。芬兰人在桑拿浴室中寻找触觉挑战，享受从闷热环境跳入雪堆或寒冷的湖泊带来的刺激；日本人几乎把自己在热水浴中煮熟了。 D. H. 劳伦斯（D. H. Lawrence，1885—1930）在《恋爱中的女人》一书中，设想与植被交配的极度欢愉。书中的男主角脱下衣服，"赤身裸体坐在报春花中，他的腿、膝盖、手臂直到腋窝，全部躺下，让报春花触碰他的腹部和胸部"。他使自己与报春花完全交融，但到底发现它们太过柔软，所以寻找其他地方，通过"触碰冷杉树枝逼真的黑毛"刺痛自己的大腿，紧抱"银色桦树树干"去感受"其硬度，其充满活力的结和脊"。[1]

正如在自然界中，我们常常忘记触觉的范围，除非触觉强

---

[1] D. H. Lawrence, *Women in Love* (London: Seeker, 1921; originally published in 1920 in New York City as a limited edition of 1, 250 hardcover copies), 120 - 21.

烈且渗透力较强；我们也常常忘记文化提供的触觉范围，除非是我们有意提供或寻求的感觉，比如陷入一堆垫子中，进入灼热的桑拿房或满是汗水的小屋。我们忽略了抚摸、拥抱、梳理、啃食、舔舐和拍打的感觉，这些都有助于健康。在我们自己的文化中，试想一下热水浴、冷水浴、毛巾的粗糙质感、床单的凉爽、毛衣的紧裹、厚地毯的缓冲支撑以及鹅卵石路的硌擦。类似的还有很多，因为我们物质环境中的一切都具有触感，不仅可以通过直接接触感受到，还可以直观地看到。位于柔软真皮沙发旁的玻璃咖啡桌是能带来触感的物品，不仅仅是视觉感受。这很明显，但我们需要不断被提醒。我们去美术馆获得满意的视觉体验。但这种体验不是纯粹的视觉体验，因为如果是这样的话，我们很快就会无聊。试想约翰·康斯特勃（John Constable，1776—1832）的著名绘画《跳马》（*The Leaping Horse*，1825）。这幅画几乎同时满足了视觉和触觉的需求。站在它面前，观众能感觉到木栅栏的温暖、土地的湿软、杂草和野花的柔软纠缠以及暗水滑过隐藏暗礁的清凉。

人类触觉非凡的敏感性被视为理所当然。我们不需要任何特殊的训练，就可辨别平滑玻璃和被侵蚀 1/2500 英寸深的玻璃间的区别，我们仅用手指触摸证券纸、花瓣和抛光木，就可以感觉到温度和质地的微妙变化，这不足为奇。容易被忽略的一个原因是，触觉在人的一生中或多或少都会保持其敏感性，它不同于味觉、嗅觉、听觉及视觉，这些感觉随着我们年龄的增长而急剧下降。当感觉意外损失时，我们才认识到这些能力的价值。虽然触觉的敏感性在最初几年下降缓慢，但临时失灵却很常见，并且被生动地记录下来。例如，用戴着笨重手套的手驾车，试图用冻僵的手指系鞋带，以及果酱偶然被抹在手指上时"恶心"的感觉。果酱在手指上，我们便无法触感世界。

触摸的需求始于生活。婴儿是颊部探险家，孩子有触摸的冲动。稚童拥抱圆形柔软的玩具。大一点的孩子喜欢捏泥巴，把泥巴拍成饼状。孩子越大，他们越可能玩更硬更尖锐的物品，尽管似乎存在文化诱导的性别差异：即使成长为年轻女性，女孩也一直喜欢柔软的材质，而男孩一直对卡车和乐高积木情有独钟。结果是，女孩在家庭空间内感觉自在，男孩则在有直线、平面和棱角的建筑环境中更舒服。这种性别差异正在减少，但它会完全消失吗？女人有较柔软的身体，她们触摸和拥抱更多，男人永远不会了解护理婴儿的亲密体验。女人做绝大多数家务，涉及直接接触：抚平床单，让枕头蓬松，缝制窗帘，揉面以及洗刷盘子。而男人做大部分户外体力工作，面对那些坚硬顽固的物体，他们不是直接接触，而是用尖锐的金属工具，如铲、锄和气钻来接触物体。

文化差异十分显著。从小说中推断，中国人注重皮肤对事物的感觉。物体如玉般清凉光滑吗？它在压力下会柔软吗？道德上的解释使触感变得复杂。玉象征着纯洁，所以当一个年轻女人的乳房被描述成像"温玉"时，便影射着复杂的信号：她很性感，同时也很纯洁。[①] 一则中国谚语，无疑受到道教的启发，宣称"温暖和柔软度总是优于笔直与坚硬"。这更好吗？在道德上更好吗？妓院被描述为"温柔乡"，这种观念具有危害性。毫无疑问，妓院与性和温暖有关，柔软的物质可以给人们单纯的快乐。好餐馆的惯例是，在上菜前给客人分发温暖的毛巾。用毛巾擦手擦脸，客人会感到异常清爽。[②]

对大多数人来说，对温暖的偏爱是天生的。抚摸温暖的物体及温暖的地方，如厨房或卧室，能唤起人类的热情。但作为赞美的词语，温暖并不具有普遍性。中国人赞美女孩，可能把她喻为"温润如玉"，但对希腊人来说，将女孩比作"冷水"才是更好的赞美。在希腊民歌中，"冷"与"花"在唤起人们快乐上处于同等地位。恋人会被描绘成漫步在花丛中或雪坡上。对中国男人而言，女人的柔软是性感的，但对希腊人来讲并非如此。希腊男人向女人谄媚时，可能将其描述得笔直坚硬，像苗条的柏树一般。更古怪的是，怀着爱慕，希腊人将同伴比作黄金、水晶或大理石。[③]

触觉将人们联系在一起。我们说"保持联系"，意味着

---

① "Jade" in C. A. S. Williams, *Encyclopedia of Chinese Symbolism and Art Motives* (New York: The Julian Press, i960), 234 - 35.

② Wolfram Eberhard, *A Dictionary of Chinese Symbols* (London, UK: Routledge, 1988).

③ Dorothy Lee, "View of Self in Greek Culture, *Freedom and Culture* (Englewood Cliffs, NJ: Prentice-Hall, 1959), 144.

"写信或打电话给我"。这种随意的表达，表明人渴望文字上的交流与联系。终极的触觉快感是性交。神秘主义者可能会在神圣的拥抱中感到狂喜，但对我们大多数人来说，如果不是所有人的话，只有在与另一个人肉体缠绵时才产生狂喜。这时作为个体和孤立自我的感觉随之消失。然而，矛盾的是，对我们大多数人而言，性交也是我们仅有的不顾一切大胆坚持自己的个体性——纠结或双重自我的时刻。通常，我们顺从世界的力量和诱惑。在性欲的驱动下，这种顺从很容易被动摇，难怪统治者对性深感疑虑。

味觉与嗅觉

人类学家克劳德·列维-斯特劳斯（Claude Levi-Strauss，1908—2009）认为，"熟的"文化与"生的"的文化有所不同。[①] 不只是使用工具，烹饪也将我们与其他动物区分开来。因此烹饪将我们所有人联系在一起，也使我们有所不同，每个人类共同体都有自己的食物及独特的制作方式。诚然，我们也可以这样论及其他文化活动和产品，但在发现其他人有独特的服装和房屋时，我们不会排斥，却可能会因为他们吃的东西不同而产生排斥的态度，这也许是出于这样的理念：尽管我们未

---

① Claude Levi-Strauss, *The Raw and the Cooked* (New York: Harper & Row, 1969).

必穿啥像啥，但在某种深层意义上，我们吃啥像啥。

人类确实有某些共同的食物偏好。其一是对肉的喜爱。作为杂食动物，我们不吃肉也可生存。但在所有已知文明中，肉比蔬菜的地位高。对于住在北极边缘的居民，除了肉他们别无选择。对于热带森林中的狩猎采集者，他们有一个选择：植物供给他们大部分营养，但宴会却无肉不成席。在先进社会中，肉是威望的标志，因为只有富人才能买得起肉。中国古代的官员们有一个绰号——"肉食者"。在典型的美国富裕家庭中，人们首先把肉盛在盘子里，然后摆上蔬菜——先摆重要的食物，蔬菜只是装饰。

尽管肉象征着威望，但也提醒我们，人是动物。躲避提醒的一种方式是区别优劣：只吃某些"干净的"动物肉，其他动物的肉是"污秽的"，是禁忌。另一种方式是我前面提过的，把肉切碎，用酱汁覆盖，使其变为烹饪艺术。但终极的步骤是完全弃肉，成为素食者。放弃肉类独特的风味与质地，要付出很高的代价，至少在初级阶段是这样，但对于那些渴望克服动物本能，甚至克服只作为肉体存在的人来说，这种代价会得到心理补偿，他不再有躲避的痛苦，并能获得道德声望。

说一个人有品味是一种赞美，用餐者因不符合其标准而当场拒绝一瓶酒，显然是个有品味的人。然而，品味不仅限于食物和酒。我们也把它用于更高层次的绘画、音乐和文学艺术中。一个有教养的人会对事物有所区分，并能给出他偏好的理由。威廉·詹姆斯（William James，1842—1910）甚至将品味用于道德领域，指出教育的目的就是培养人良好的品味，成为好人形象的代表。[1]

因为精英主义作祟，"一个有品味的人"的说法有点被玷污了，虽然它还是赞美，但变得矛盾。因为"一个有气味的人"这种表达方式，会直接让人发怒。奇怪的是，这两种在体验上接近的感觉（通常我们所说的"味道"大多指"气味"）意义却截然不同。味道仅限于甜味、咸味、苦味和酸味。人喜欢甜食，并且"甜"在西方社会具有积极的道德上的内涵："甜心"用来指婴儿妇女和性情温和的男人。盐增强了熟食特别是蔬菜的风味，否则这些食物将极其清淡无味，即使是少量的盐也能起这样的作用。耶稣将其门徒描述为"地上的盐"（社会中坚）。虽然他们只有几个人，但他们仍然可以改变人民大众。"苦"是毒药的味道，"酸"是变质食物的味道。两者用来描述人时都包含贬义。[2]

一位女士抱怨约翰逊博士很臭。约翰逊博士回答说："不，女士，我只是有点气味，你闻闻。""气味"和"臭味"两个词通常可以不严格地互换使用，两者都具有强烈的否定意

---

① Jacques Barzun, *A Stroll With William James* (New York: Harper & Row, 1983), 284.

② Carolyn Korsmeyer, ed., *The Taste Culture Reader: Experiencing Food and Drink* (Oxford, UK: Berg Publishers, 2005).

义。一是它们与道德败坏相关——圣徒的香味与罪人的恶臭形成鲜明对比；二是它们与腐烂和死亡相关；三是人类的欲望，他们直立行走，用眼睛探索世界，与那些爬行嗅探方向的生物划清界限；四是气味与大脑的原始部分相连，控制人类的情感、情绪和无意识的运动，例如呼吸、心跳和生殖器勃起。食物的香味使人流口水；性的麝香气味——身体发酵的"烤面包"似的香气——会激发性欲。无意识的兴奋可能使人快乐，但它不是人类可以引以为豪的东西。

人类为他们的自由结合而感到自豪：男女约会，因为他们有共同的专业或知识兴趣。这与气味无关。但气味确实在两种基本的生物学关系中发挥着作用，如男女之间及母亲孩子之间。当一对男女坠入爱河时，我们说他们彼此发生了化学反应（或他们气味相投）。比起任何其他女人的气味，婴儿更喜欢母亲的气味。而母亲，则表现出惊人的能力，仅靠气味就能识别自己婴儿的摇篮。[1] 孩子长大后仍然依恋母亲的气味：她仍然喜欢偎依在母亲的胸怀和臂弯里寻求安慰，同时也寻找母亲熟悉的气味。同时对气味的依恋被转移到物质对象上。孩子紧握她的安心毯，不仅因为毯子的柔软质地，而且因其熟悉的气

---

[1] Robert Rivlin and Karen Gravelle, *Deciphering the Senses* (New York: Simon & Schuster, 1984), 76; Steve Van Totler and George H. Dodd, *Perfumery* (London, UK: Kapman and Hall, 1988), 47; and Edmund T. Morris, *Fragrance* (New York: Charles Scribner's Sons, 1984), 41.

味。美国儿童喜欢"在外过夜",但在一张陌生的床上,枕头大战的兴奋之后,他们渴望自己舒适的床及其熟悉的气味。成年人不喜欢承认这一点,但是他们坚持用旧雨衣、拖鞋及其他一些私人物品的原因之一便是他们对气味的微妙体验,熟悉的气味能取悦自己,这虽然毫无意义,甚至会遭到他人排斥。

正如我提到的那样,气味可引起各种无意识的兴奋和反应。有一点我们尚未提到,气味有使人回到过去的力量。我不想在这里刻意回忆过去,这可能令人失望,正如马塞尔·普鲁斯特(Marcel Proust,1871—1922)[①]所写的,"走在林荫路上,我曾在这里的阳光下玩耍"。我记住的是无意识且更加生动的东西。

下面的例子是我的亲身经历。时隔二十三年后,我重回澳大利亚悉尼。离开时我还是个孩子,我期待这次重返充满怀旧之情,然而并非如此,因为悉尼的现代化程度让我几乎认不出来。我的邻居没变样,我住过的房子,房子附近的海滩和运动场也几乎都保持着原样。但我依然不能如我希望的那般突然回到从前:眼前的景象使我只感受到现在,直到我非常意外地闻到来自海湾的海草香气,在那一瞬间,我被带回了童年时代。

由于种种原因,气味可以唤醒我们的记忆。一是因为,我

---

① As quoted by Howard Nemerov, *Figures of Thought* (Boston, MA: Godine, 1978),
31.

们少年及成年时期对气味的体验变化不大，与同时期我们视野形成的不同方式形成了对比。随着时间的推移，我们的眼界明显拓宽和成熟。对气味的体验不会如此，或者说我们对气味的体验变化很小。无可争辩，当人变老就会学会欣赏新的气味，能接受的气味范围也有所增加，但对气味却不那么敏感了，尽管敏感度有所下降，但仍能依靠记忆发挥其魔力。

现在我来谈谈环境中的气味。过去五千年，气味恶化了环境，这是人口密集的结果。散落在开放空间的猎人和牧民拥有最好的空气。农业出现以来，人们一直生活在人口密度更大的地区，恶臭便开始积聚，这在城市贫民窟中最为严重。无论人们最初遭遇的气味多么浓烈有害，经过短暂的浸润后都会消退。人们适应了污浊的空气，因为是他们造成了这样的源头——溢出水沟的血液、垃圾、泥及污秽。在17世纪的欧洲城镇，富人对腐败物的气味很敏感，他们认为腐败物会引发疾病。他们没有改善卫生环境，向污秽宣战，取而代之的是，试图用香气来对抗恶臭，即用花香熏蒸房屋和街道，同向散发臭味的身体上洒香水一样，这一方法并不成功。

卫生方面改善缓慢。17世纪初发明的抽水马桶在两百年后仍然罕见，尽管在家庭和共同体中，马桶的确及时发挥了重要作用，帮人们摆脱了最讨厌的臭味。18世纪，卫生有了明显改善，当时城市规划者受古典主义复兴的影响，渴望几何般的清晰，支持建造笔直宽阔的街道，与中世纪流传下来的曲折的迷宫道路形成强烈对比。清新的风可以穿过这些宽阔的街道。 19世纪，在巴黎的散射形街道和林荫大道中，这种几何学理想得到了极致的表达。也正是在这一时期，主要的欧洲城市建立了地下世界，为地上世界服务，地下世界一个重要的组成部分就是精致高效的下水道系统。①

人们对恶臭越来越敏感，这产生了意想不到的社会效应：它使阶级分化更加明显，并加剧了人们对"下层社会"的偏见。几个世纪以来，在欧洲，富人几乎跟穷人一样散发出臭味，这便是两个阶级不介意共享相同住处甚至同一张床的原因。自从富人从改善的卫生条件中获益，并学会了欣赏洁净，他们便将恶臭——疾病和死亡的前兆——完全归因于穷人，好像这是穷人天生不可消除的特征。自此城市迅速分化为富人区和穷人区，穷人区位于垃圾场和难闻的工厂的下风口。

新的嗅觉标准要求上层社会男人没有气味，除了萦绕在他们优雅燕尾服褶皱中淡淡的古巴雪茄的气味。上层社会的女人试图通过在耳后喷一两滴昂贵的香水，使自己与其他女人甚至是同一阶层的女人区别开。新兴的个人主义在这一理念中发挥着作用，每个人都想成为一个与众不同的人。如果在聚会上，一个女人发现自己跟别人撞衫，她会感到震惊。男人虽然都穿

① Rosalind Williams, *Notes on the Underground* (Cambridge, MA: The MIT Press, 1990).

着燕尾服，但他们知道，并不是所有的燕尾服都是一样的。尽管如此，真正的与众不同不在于外在的穿着，而在于一个人的气味——从他灵魂深处散发出的气味。

美国的城市追求空气清新，只有少数民族聚居区可拥有独特的气味，且仍受到尊重。美国白人去那里寻找异国食物，他们喜欢从食品店和餐馆飘到街上的香味。在受到贫穷世界的刺激后，白人重回清新的、闪闪发光的玻璃钢筋塔中，那里有清扫干净的街道和修剪整齐的草坪，在那里凋零的叶子、死去的鸟和松鼠——有机生命凋零的所有迹象都被清除。现代城市主要迎合了人们的视觉及感觉器官，证明了人类的智慧，使我们感觉控制了一切，即使我们仍会闻到市场肉铺和公共休息室的气味。

然而，一些微妙的香味在城市中受到欢迎。例如，从面包店、咖啡店、花店、皮具商店和二手书店开着的门里飘到人行道上的气味。它们能使路人愉悦，这是一种潜意识感受到的喜悦，而不是挑剔的欣赏。更强烈的气味可能令人不悦，但它们赋予了地方自己的特色。一张曼哈顿的气味地图，展示了气味的特殊范围及刺激性：从中央公园粉红色花朵的柠檬香，沐浴在阳光下的石灰、护根、落叶及跑步者的汗水，到市中心的新衣服、咸的阿玛尼皮革、运动香水、爆米花、炸薯条、汽车废气和马尿，再到唐人街发霉的报纸、新鲜的鱼、冬菇、海米、日龄的蜗牛、地板门里取出的午餐、狗粪、垃圾和肮脏的路面。这只是个小例子！我之前说的气味的矛盾性仍然真实存在。美国人不因这独特的丰富气味感到自豪，商会也从不对此进行宣传。①

　　大自然的气味如何？在18世纪的欧洲它们是可疑的，特别是地球上人类排放的气味。采石场没有这种气味，因为它们散发出一种"金属蒸汽侵袭鼻孔和大脑"的气味。乡下不卫生，因为农村的土壤被翻出来，释放出"致病的蒸汽"。未开垦之地最危险，人们认为耕种未开垦之地解释了新世界殖民者的发烧现象。② 最终，当注意力从地球的土壤、沼泽和裂缝转移到清新空气，特别是山脉、海洋、树木和开花植物的气味上时，人们的态度完全改变了。这些在19世纪很重要，因为它们被视为有益于健康。在20世纪，由于同样的原因，这逐渐缓解了平淡无味的建筑环境。如今还有谁在闻到草、晒干的木材、岩石、犁过的泥土、冷杉、松树、矮松或桉树的气味时不感到提神呢？

　　即使当欧洲人学会欣赏大自然的香味时，也很少有人试图在城市或室内创造这种香味。现代早期，花园成为最高级的视觉景象，但花园的芳香明显不足，只有女人们聚在一起刺绣的亭子里才充满芳香。中国人则不同。他们会有意在建筑物周围

　　① Jason Logan, "Scents of the City," *The New York Times* (August 30, 2009), 10.
　　② Alain Corbin, *The Foul and the Fragrant: Odor and the French Social Imagination* (Cambridge, MA: Harvard University Press, 1986), 22 - 23.

种上花圃，使植物的芳香通过自然风或风扇吹入建筑物内部。13 世纪建于杭州的凉亭宫就是一个典型的例子。由松木制成的宫殿本身就散发着芬芳，矗立在宫殿前的几棵古老松树更为其增添了香气，人造瀑布落入覆有粉色和白色睡莲的湖里。在宫殿周围的庭院里有数百个瓮，里面有茉莉花、兰花、开花的肉桂和其他罕见的灌木，在风车的吹动下，香气可以飘入宫殿的大厅。①

想到对凉亭宫的这些描述，我几乎怀疑这香味对我来说是否太浓郁了。不同文化中，人们喜欢的气味有所不同，但人们或许总是避免过度。我们谈论美丽的景色和天籁般的音乐，却很难想象超越厌恶和痛苦的美丽的上限，但谈到香味时，我们很容易想象到香味的上限。为什么会这样？是因为从气味中感受到的愉悦就像从吃饭睡觉这种动物的需求和嗜好中所感受到的愉悦那样有明确的上限吗？

听 觉

大多数人认为丧失视力比丧失听力更具灾难性。我们一闭上眼睛就会立刻陷入黑暗；然而，如果我们堵住耳朵，随之而

---

① Jacques Gernet, *Daily Life in China on the Eve of the Mongol Invasion 1250 1276* (London, UK: Allen & Unwin, 1962), 120-21.

来的是一片沉寂，就像大雪之后的城市，噪音全部消弭。此外，声音的缺失可以提高视敏度：我们更好地集中精力，没有扩散声，世界似乎更加清晰易辨。然而，万籁俱寂会滋生死亡的感觉。在隔音效果良好的高层公寓内，我站在窗前俯视着外面的城市，看着下面的建筑物，看着行人和车辆川流不息的街道。我能看见城市是鲜活的，但只有当窗户打开，街道上的噪音涌进来的时候，我才意识到，我用整个身心感受着。

到目前为止，人声是环境中最重要的声音，同样也是我们最敏感的声音。我们通过听别人说话和学习说话而成为人类。我们通过言语及其有用信息，至关重要的是，通过言语所传达的关心、鼓励和爱的信息，得以成为社会成员。那些被剥夺听力的人被隔绝在一个令人安心的环境中，混杂着其他几种同样熟悉和安心的声响——像约翰·厄普代克笔下夜里轻柔的噪声一般，"母亲在楼下说话，祖父含糊回应，厨房里烧开水的水壶发出哨响，汽车呼啸而过"。[1]

在这个疯狂充满噪音的现代世界里，无声状态是很有益的，这是一种回归生命的体验。但无声也意味着死亡。坟墓是死寂的。无风时的自然也是沉默的，沉默笼罩着冰原和沙漠。亚热带高压下的大西洋中部，帆船上的水手害怕积沉在海面上的那种诡异的寂静。一连几天相安无事；水面太过平静，以至

---

[1] John Updike, *Self-Consciousness* (New York: Alfred A. Knopf, 1989), 233.

所有水手可以听到船上司空见惯的噪音以及自己恐惧的心跳。那些早已听惯阔叶林沙沙作响的欧洲旅客，被北美草原的安静所震惊。但太空的寂静的确是最令人恐惧且难以忍受的。

事实并非总是如此，且有可能截然相反。人们认为月球轨道上千光年之外的空间充满天体音乐。[①] 莎士比亚必定也曾这样认为："坐下来，杰西卡。瞧，天宇中嵌满了多少灿烂的金钹。"这只是视觉之美，还有声音之美，"你没有看到最小的天体，其运动宛如正在吟唱的天使"。[②] 仰望夜空，帕斯卡尔（Blaise Pascal，1623—1662）看到了什么？他没有看到天堂的地板镶嵌着金色光泽，也没有听到任何音乐。相反，他面对的是令其恐惧的空荡荡的空间和永恒的寂静。寂静是抛弃、冷漠和死亡。[③]

太空是完全无声的，就算是星系碰撞产生的声音，人耳也无法听到。在地球上，无声并不常见。也许因为这个原因，我们常常认为自然中的声音是理所当然的，却无法确认声音音量和种类的范围。那么，音量的范围有多大呢？从叶子轻柔的婆娑声到龙卷风、飓风的咆哮声，再到火山喷发的剧烈怒吼声。1883 年的喀拉喀托火山喷发发出有史以来最响的声音，在三千

---

① Jamie James, *The Music of the Spheres*: *Music*, *Science*, *and the Natural Order of the Universe* (New York: Copernicus, 1955)．

② William Shakespeare, *Merchant of Venice*, Act V, Scene I．

③ Blaise Pascal, *Pensée's* (1670), 206．

英里之外都能听到。声音的多样化同样值得注意。想想那些令人愉悦的声音，比如落入针叶林的淅沥雨声，水波拍打湖岸的声音，以及鸽子在薄雾弥漫的清晨发出的咕咕自语声；再想想那些不太令人满意的声音，比如瀑布永不停歇的咆哮声，信风无休止的叹息声，惊雷的轰鸣声，南北极附近巨大的冰裂声；还有动物发出的声音：昆虫和青蛙的喧嚣声，热带森林中猴子的鸣叫、呼喊和恐怖尖叫声，北方森林中的狼嚎和潜鸟的嗥叫声，声声不断的蝉鸣声（这是昆虫所能发出的最响声音）和澳大利亚蟋蟀的唧啾声。[1]

鉴于自然的许多声音随意地混杂在一起，长时间的持续静默被清澈响亮的音符打破，从而使得人耳获得最大的快乐。或许是由于俄罗斯人一直生活在完全开放的空间，他们对声音极具欣赏力。车手们兴致盎然地驱使着三套车，驰骋于大雪弥漫的广阔草原上，突然间听到了百灵鸟的啭鸣，银铃般的声音传来，如同从天而降的恩泽——这些场景几乎是俄罗斯作家的陈词滥调了。

近代及尚无文字时期的人们了解这种欣赏力吗？毫无疑问，他们对大自然的声音十分敏感，这可以作为危险信号和神灵的旨意。但他们只因声音的美好才去聆听吗？显然有一种人

① Birger, Ohlson, "Sound Fields and Sonic Landscapes in Rural Environments," *Fennia*, Vol. 148 (1976) 33 - 43, and J. Douglas Porteous and Jane F. Mastin, "Soundscape," *Journal of Architecture Planning Research*, Vol. 2 (1985), 169 - 86.

是这样的，他们是刚果东北部的姆布蒂狩猎采集者。他们熟悉热带雨林中多种动物的声音，却认为只有某种鸟的歌声具有超自然的美。近代民间文化中，听觉美学的稀缺，或许与它不为社会目的或实际需求服务有关。有这种审美的人，不必担心自己的生计，例如姆布蒂人。丰富的自然环境使他们从不担心食物的供给。一般而言，先进社会才有这样的信心。他们通常专注声音（包括自然之声）的美好。有些人不关注其他，只愿关注一种声音的特性——鸟的歌声，叶子的沙沙声，小溪的水流声，这种情况不太常见却时有发生。这种意愿会使人感到孤立，与自己的共同体格格不入。近代民间群体中，纯粹的唯美主义和个性化都无法按其价值观被认同，它们都是富裕的奢侈品。

人的发声部位是包含运动部件最多的器官，这解释了它的独特性。我们更容易认错脸，却不会辨别错声音，因为几十年过后，人的发型和年龄都会改变，但声音却几乎保持原样。然而，只有到了现代，随着电话的广泛使用，这一论断才得以普遍检验。我们不仅可以通过电话听到的第一声识别出对方身份，而且可以了解其心情。[①] 说话的声音，所说的内容都很有特色。我们通常不知道这种独特性，因为就生活中多数实用目的而言，我们需要作为一个共同体行动，这意味着需要我们所

---

① B. Raymond Fink, *Science* (24 January 1986)，319.

有人看起来很相似。将人类视为独特的个体，每个人都拥有独特的声音和世界观，这是先进社会的另一弥足珍贵之处。

音　乐

从极端意义上讲，自然之声令人心生恐惧，而在另一个极端上，又令人开心不已。这种不对称的原因是什么？为什么积极的响应令人愉快？为什么自然之声使人心生恐惧，而不是令人深为感动；或者美丽动人，不能极具魅力？然而，雨后鸟儿的歌唱确实令人愉悦，只是缺乏将我们提升到生命的另一境界的力量，那里有色彩斑斓的日落或飘渺闪烁的北极光。自然无法提供人类以崇高的声音，人类通过音乐来补偿。

音乐的基本节奏是身体的基本韵律——呼吸、心跳以及人走路时胳膊腿的摇摆。放慢节奏意味着放松；加快节奏意味着兴奋和活力四射。音乐结合身体韵律，增强了个体的生命意识。音乐还有凝聚群体的力量。当人们伴着切分节奏唱歌时，即便是半闭着眼睛，也已成为一个大的有机整体。

鉴于这种生物基础和生物社会的需要，各地的传统或民间音乐都非常相似，且随着时间的推移也几乎没有改变，对此我们不该感到惊讶。细想两种截然不同的音乐：中世纪的格列高利圣咏和如今的硬摇滚，两者相隔千年且产生的原因各不相同。两种不同的音乐模式，却产生了相似的社会效应：自我在整体中的丧失。教堂的石墙增强了格列高利圣咏的效果，石墙吸收高频声且产生长音混响，使得圣歌似乎并非来自特定的一点，用温暖流动的节奏感染着集会共同体，使他们感觉是一个整体。至于摇滚，舞台上被电力放大的声音征服了观众，他们大汗淋漓，旋转起舞，汇聚成大的共同体，作为孤立个体的感觉被幸福地淹没了。

自16世纪中叶以来，西方独特的音乐创新大大提升了音乐强度（响度）和频率（音高）的范围。在一首作品中，声音可能柔和到几乎听不见，也可以响亮到令人痛苦的程度。音高的范围则从低音到具有穿透力的高音，低沉的隆隆声似乎更多地被感觉到，高音又似乎可以抵达天空或遥远的地平线，由此使得听觉空间开放，这一转变提醒我们要在风景画中打开视觉空间。音乐如它过去那样达到了透视效果，绘画亦是如此。伴随着这一新的发展，人站在一旁聆听音乐，不会被淹没和包裹在其中。①

前现代社会的人以这种方式聆听音乐吗？我已经得出结论，关于自然之声，答案是"不"。我相信关于音乐的答案也是"不"。前现代共同体中，仪式和合唱涉及每个人。那些年事已高或身体虚弱无法参与的人，可能仍想移动自己的身体，笨重地挪动脚步，尽其可能地哼唱。无法参与的人是"听

---

① R. Murray Schafer, *The Tuning of the World* (New York: Alfred A. Knopf, 1977).

众"。那么真正的聆听，是一个庞大复杂的社会具有的现象，因为只有在社会中，出于评判和鉴赏而站在一旁聆听音乐才是常见的，并且只有在社会中，个人的才华才得到公认和奖励。我可以想象，具有美好生活品味的罗马鉴赏家，在晚餐后尽情享受奴隶的美妙歌声，或某位中国官员在回家途中，被山间溪流旁飘来的长笛声迷住，驻足聆听，之后向朋友讲述这一非凡经历。换句话说，听的文化必须接受甚至支持，一定程度的距离和孤立。

流行音乐强化了群体。19世纪末以来，古典音乐对轻而易举的群体强化持有越来越谨慎的态度，更关心一个人的生命历程中所能体验的东西。看看奏鸣曲和交响乐这两种流行的古典音乐流派吧。两者都有独立的乐章，显然，为捕获个人情绪的变化，三四个乐章是极有必要的。或者将其分开看，每个乐章都是叙事的一部分，揭示了生命的不同阶段。若要鉴赏音乐，需要关注多种情绪，甚至要关注生命的多个阶段，因此要欣赏奏鸣曲或交响乐，不能只选择一段容易记的曲调甚至整个乐章，而必须关注整部作品的叙述脉络。

但音乐具有社会性。在现代早期的欧洲，音乐服务于官方教会，加强教会仪式的庄严感；与此同时，也为社会服务，赋予客厅小圈子以高雅的氛围。今天，古典音乐很受欢迎，但也有人怀疑，有些听音乐的人是为了搞社交。交响乐的演出场地，是善于交际的野心家盛装打扮，与同类人相聚，并卖弄高雅文化品味的地方。音乐本身的存在理由因此被忽略了。音乐（即古典音乐）为什么会存在呢？是为了表达语言手势、民谣和流行音乐所不能表达的一系列情感，或是一种超越美和善的感觉吗？达到音乐最高水平，古典音乐能给予两个人亲密交谈的感觉，也能带来公众大规模庆祝活动的感觉。①

　　举个自己的例子，当听到巴赫（J. S. Bach，1685—1750）的音乐时，我仿佛感觉我们一起长大，去了同一所学校，在同一所教会中崇拜同一个神。否则，他怎么能知道我内心最深处的感受和欲望呢？但事实并非如此，无论就哪方面而言，巴赫与我都截然不同：他是德国人，生活在18世纪，是一家之主，精力旺盛，身体健壮，一个不可超越的天才音乐家；我是中国人，生活在20世纪，一辈子单身，性格腼腆，缺乏活力，一个成就平平的地理学者。巴赫诉说着他那个时代的音乐语言。为什么它能以其独有的方式俘获我的心？而我的母语和音乐传统却无法做到？听着巴赫、莫扎特或贝多芬（Beethoven，1770—1827）作品中平缓的乐章，感觉我们在亲密交谈。很多来自世界不同地区的人，以同样的独属方式对他们的音乐做出了反应。那么，体验音乐巨作就有些自相矛盾。这感觉像两人间的私下谈话，两个人在特定的时间地点处理事

① Julian Johnson, *Who Needs Classical Music? Cultural Choice and Musical Value* (Oxford, UK: Oxford University Press, 2002).

务，同时，就其范围与程度而言，也像是公共活动和普遍行为。

视　觉

亚里士多德这样写道："在感觉之中，我们最喜欢视觉。"我想大多数人会同意，因为我们依靠视觉而非其他感觉穿行于世界并欣赏其无尽的多样性。我们没有意识到，自己使用到的仅仅是视觉潜能的一小部分。环境本身对视力就有严格的限制。住在北极海岸的因纽特人，一年中大部分时间只能看到白色和灰色。我们居于中纬度和热带地区的人认为暖色见怪不怪，因纽特人的生活中却没有暖色，这多么奇怪。当因纽特人去参观热带，会像我第一次从黑白电视转换到彩色电视时那般惊讶，感叹自己在没有色彩的世界能生活如此之久吗？再想一下那普韦布洛印第安人，他们居住在西南部明亮矿物的色调中，对生活在潮湿中的东部美国人熟悉的乳白灰色和暗褐色全然不知？反之亦然吗？

除了颜色，在诸如垂直、水平、开放和拥挤等一般特性方面，不同的环境也有差异。除了尘卷风在路上偶尔飘过外，生活在撒哈拉沙漠的图阿雷格人很少看到垂直线。相比之下，姆布蒂人住在密集的垂直树木中，很少看到水平线。有约束力的环境也使人变得敏锐。众所周知，因纽特人能在雪中看到各种细微变化，卡拉哈里沙漠中的狩猎采集者可以找到可食用的小嫩枝，但外来人却无法辨认。更为显著的是，人类学家知晓的某些部落成员以及历史学家熟悉的某些海员可以在大白天看到金星。[1]

对视力的另一限制是缺少描述其微妙判断力的语言。再次以颜色为例。一些小的狩猎聚集地带没有颜色术语，或只有黑、白和红三种基本色。随着人类群体规模的扩大及复杂度的提高，群体词汇中添加了更多的术语。按顺序逐一添加：白色、黑色、红色，然后是绿色、黄色、蓝色、棕色、紫色、粉红色、橙色和灰色，总共十一种。为什么只有这些颜色呢？因为在大多数人的实际和情感生活中这十一种颜色最重要，只有这十一种，尤其是前六种可以引发强烈的符号共鸣，而不是眼睛可以辨别的无数色调。[2] 想一下在国旗上使用的颜色，就能清楚这一点。国家可以自由地使用所喜欢的任何颜色，然而，绝大多数国家不约而同地从前六种颜色中选取。不知何故，人们认为其余的颜色都不太合适。

正如国家的格言或口号一般，国旗颜色必须有一定的代表性。而这正是艺术家想要避免的，他们的目标是针对细微之处和细小差别。在十一个基本颜色中，艺术家（尤其是印象派的

---

[1] Claude Lévi-Strauss, *Myth and Meaning* (New York: Schocken Books, 1979), 18.

[2] Brent Berlin and Paul Kay, *Basic Color Terms* (Berkeley: University of California Press, 1969).

艺术家）可能更喜欢序列中的后六个。作家也有自己的偏好。G. K. 切斯特顿高度赞美灰色，这是出了名的。对他来说，这种颜色有各种可能性——它"总是似乎要变成其他颜色；使亮白变成蓝色，或漂白成白色，或突然变成绿色和金色"。作为背景，灰色的可取之处在于，"使每种颜色都显得异常美丽。蓝天可以盖过蓝色花的鲜艳。但阴天时，飞燕草看起来像跌落的天堂，红色雏菊是真正的红色落日；向日葵是太阳的执勤者"。[1]

只有在重视个人稀奇古怪行为的先进社会，切斯特顿的偏好才可能有表白机会。切斯特顿倾向灰色，而莱纳·玛利亚·里尔克（Rainer Maria Rilke，1875—1926）钟爱蓝色，诸如此类的例子不胜枚举。个人品味是自豪的象征。一个复杂社会在本质上是有区别力的，但它也可以故意选择另一极端——完全接纳，没有什么是不值得尊敬的。杰拉德·曼利·霍普金斯（Gerard Manley Hopkins，1844—1889）在小便池中发现了美，倘若它"以优雅的喷雾喷洒下来"。[2] 古斯塔夫·福楼拜（Gustave Flaubert，1821—1880）在路上为"一滴水、一个贝壳、一根头发"而驻留。[3] 尤金·德拉克罗瓦（Eugene

---

[1] G. K. Chesterton, *Alarms and Excursions* (New York: Dodd, Mead & Co., 1911).

[2] Robert Bernard Martin, *Gerard Manley Hopkins* (New York: Putnam's 1998), 190.

[3] As quoted in Georges Poulet, *Studies in Human Time* (Baltimore, MD: The Johns Hopkins University Press, 1956), 249.

Delacroix,1798—1863)不只为高贵的狮子也为花园里的鼻涕虫驻足。罗伯特·劳森伯格(Robert Rauschenberg,1925—2008)在不起眼的城市场景中停留,欣赏布满撕裂的海报和斑驳的破败墙壁上的图案和纹理。我们这些非艺术家可能会感到惊讶,甚至产生反感。然而,随着时间的推移,这些看似古怪的行为也会渗透到我们对周围世界的欣赏之中。[①]

艺术世界中的非歧视审美态度与宗教原则有所重合,即(如果不是崇拜的话)神创造的一切都值得注意,任何存在的事物都是奇迹。亚西西的圣方济各(St. Francis,约1182—1226)热爱太阳、月亮、岩石、花、鸟、昆虫、蜜蜂、狼、驴、牛、猪、蠕虫、爬行动物及麻风病人,包罗万象,并因此出名。禅宗佛教也持相同观点。既然佛陀无处不在,有什么地方不圣洁——又什么地方不值得注意和尊重吗?传说一个和尚因在寺庙吐痰而被长者告诫。和尚抗议:"但是,师父,我在哪里吐痰,佛祖不在呢?"

个人在看到和选择看的东西上有所不同,共同体和社会也是如此。当共同体和社会变得庞大而复杂(即文明)时,它们对自然的一方面——恒星——给予高度重视。恒星能界定文明,地球上的树、岩石、溪流或山脉这些自然要素,没有一个

[①] Yi-Fu Tuan, "Sight and Pictures," *Geographical Review*, Vol. 69, No. 4 (1979), 413-22.

能被用来界定文化。中美洲、中东和中国的先辈正是在恒星中发现了脱离地球束缚解放自我的灵感。它们的向天旋转在宇宙的仪式中心和几何城市中体现得最为鲜明。古人相信恒星影响了人类的各种事务，因此，他们有实际理由来尊重恒星。然而，除了纯粹的实用性诱惑，也存在例外。希伯来人钦佩天上的恒星，因为它们是神的作品，述说着神的荣耀（《诗篇》19章）。至于古希腊人，苏格拉底（Socrates，公元前469—前399）的老师阿那克萨哥拉（Anaxagoras，约公元前500—前428）的话足以解答，他用"看太阳、月亮和天空"回答了"我们出生的目的"这一问题。① 在中世纪晚期，但丁（Dante，1265—1321）用维吉尔（Vergil，公元前70—前19）的话将自己描述为来自地狱深渊，是"为了看到我们头顶天空中的可爱事物（星星）"。② 沙士比业的《威尼斯商人》中，洛伦佐对他心爱的人说："坐下来，杰西卡。瞧，天宇中嵌满了多少灿烂的金钹。"恋人们可以看到星星，但大多数人在套上"泥土制成的外衣"后便无法看到了。③ 现代人的情况更糟，因为我们不仅被破旧的泥土制成的外衣所笼罩，城市灯光的刺激也使"灿烂的金钹"变得暗淡无光。值得称赞的是，我们中许多人

① Anaxagoras was quoted by Aristotle in Ethica Eudemia, 1216a. See Joseph Pieper, *Happiness and Contemplation* (London, UK: Faber & Faber, 1988), 103.

② Dante (Durante degli Aligheri), *La Divina Commedia* (*The Inferno*), Canto 34, written between 1308 – 1321.

③ William Shakespeare, *The Merchant of Venice*, Act V, Scene I.

都认为这是一种亵渎。

　　除了天空，人类视觉范围内还有陆地风景。只有两种文明——欧洲和中国——学会了观看和欣赏具有自然和人工特征的广阔风景。这令我们惊讶自己已习惯于风景的概念。但我们可以肯定的是，其他两种伟大文明——印度教和伊斯兰教——都没有形成这种理念。一旦他们意识到，风景便很快被接受。风景写实艺术从中国传播到韩国、日本及东南亚，从欧洲传播到欧洲文明影响到的世界各地。该艺术传播的实例之一，是它被澳大利亚土著人所接纳。他们笔下粗糙但又怪异的美丽场景让人感觉如此真实——跟他们的性格如此相配——以至于人们意识到它们来自异域后感到震惊。①

　　仅经过一系列早期阶段，欧洲和中国便接纳了风景艺术，致力有限对象，如人物或面部、建筑物、树木、花卉或动物。风景是一种抽象概念，其边界相当模糊，也是超人类规模的自然组织。只有在人们对"野性"自然达到一定程度的自信之后，才会产生对它的喜爱，中国大约在公元1000年，而欧洲则在大约四个世纪后。的确，风景艺术已经在罗马别墅中出现。这本身便是一种启示，因为罗马别墅是建筑展示品——权力和控制的象征。然而，数据显示，只有在晚些时候，风景画才开

---

① Aldous Huxley, "Unpainted Landscapes," *Encounter*, Vol. 19, No. 4 (1962), 41 -
47.

始渗透甚至支配审美想象。

欧洲和中国的风景画有很多相似之处。画面构成中的垂直和水平元素相同（虽然元素本身不同），并且具有向外扩张的相同空间感。但两者间的差异也同样显著。第一，使用的媒介不同。通常西方使用油彩，中国使用水彩。这导致西方风景画甚至是特纳（J. M. W. Turner，1775—1851）的风景画，都要比中国风景画更厚重更接地气。罗宾逊·杰弗斯（Robinson Jeffers，1887—1962）抱怨中国风景画中的石头"没有重量"，可能更多地与媒介有关，而不是他认为的与道德有关。[1] 第二，对山的态度不同。中国风景画的垂直线是高耸的山；在西方，直到 19 世纪，垂直线更多的是建筑物、树木和人。在列奥纳多·达·芬奇（Leonardo da Vinci，1452—1519）的画《圣母子与圣安妮》（*The Virgin and Child with St. Anne*，1510）中，确实出现了锯齿状的山峰，但也只是在背景中，圣安妮仍然是主要的垂直线。[2] 第三，其中有一项技术不同。欧洲人发明了单点透视法，从单一的角度理想地呈现眼前的事物。但为什么从单一的角度呢？因为欧洲对个体更感兴趣。在现代早

---

[1] Helen Vendler, review of *Collected Poetry of Robinson Jeffers* (Stanford, CA: Stanford University Press, 1988), in *The New Yorker* (December 8, 1988), 98.

[2] Kenneth Landscape, *Landscape Into Art* (New York: Harper & Row, 1976), 92; Simon Schama, *Landscape and Memory* (New York: Alfred A. Knopf, 1995); and Kiyohiko Munaka, *Sacred Mountainsin Chinese Art* (Urbana-Champaign, IL: Krannert Art Museum, 1991).

期，不是每个人都是真正的个体，只有权势者才是。统治者坐在高椅上下令建造一处景观，那处景观——统治者眼中的景观——才称之为风景。

"风景"（landscape）这个词本身就很有启发性。它由两部分组成："土地"（land）和"景观"（scape）。"土地"是共同体所在地，不涉及观点和个人。相比之下，"景观"是当权者从其特权角度看到的风景或景色。中国人没有这样的区分，他们采用多个视角从而否认了单一的、居高临下的景观。然而，一旦中国人了解西方的风景概念，也开始倾向于单一的视角。显然他们无法抵御追随西方更强的个人主义倾向。①

东西方在季节和光影处理方面也有不同。在中国和日本的绘画中，季节是很重要的，但在欧洲却少得多。为什么呢？或许，与欧洲不同，宇宙模式继续主导着东亚，这是由于东亚对农业的长期依赖。不再关注季节，欧洲人将关注点转向一天中更容易消逝的时刻——光如何在锡罐表面移动，清晨的太阳如何照亮山顶，以及夜晚的星星如何在海浪上翩翩起舞。这是因为亚洲的艺术家们缺乏对光的微妙之处正确处理的技巧，或是出于更根本的原因，缺乏光的神学吗？两个原因都有，但我认为后者更重要，因为如果亚洲有光的神学，就很难相信他们没

---

① Kenneth Olwig, *Landscape*, *Nature*, *and the Body Politic* (Madison: University of Wisconsin Press, 2002).

人文主义地理学 | 135

有必备的绘画技巧。《创世记》的第一节经文和《圣约翰书》的第一节经文都是光之颂歌——它们将上帝赞颂为光，将耶稣基督称颂为光。诚然，佛教徒也寻求光或亮，这是一种难以避免的智慧的隐喻。然而，光在佛教教义、神话、仪式和建筑上的地位，远不及它在犹太教基督教传统中重要。①

相　机

我们看到的，以及我们如何描绘它，会随着时间的推移而变化。在世界上大多数地区，这种变化是缓慢的。而在西方，变化十分迅速，很大程度上归因于技术的创新，其中最重要的就是相机。自 19 世纪早期发明相机后，它就巧妙地改变了我们对现实的感觉。奇怪的是，它改变更多的是我们与时间的关系，而非空间；或更强调，我们与空间和空间中的物体的关系，源于对时间的不同感觉和态度。让我来解释一下。

人、事件和场景都在悄悄过去或即将过去，这是共同甚至是普遍的人类经验。对于孩子的微笑这一温暖形象，我们希望保留，但它很快便会消失。朋友骑上马去远行，我们互道再

---

① Georges Duby, *The Age of Cathedrals*: *Art and Society 980 - 1420* (Chicago: University of Chicago Press, 1981), 97 "i35, and Umberto Eco, "The Aesthetics of Light," in *Art and Beauty in the Middle Ages* (New Haven, CT: Yale University Press, 1986), 43 - 51.

见，他转过脸，我们深爱的形象几乎立马就模糊了，需下次见面时才能重现。也许离别数年后，他将有所改变。地表一处——某个风景——留在原地，我们以为自己总能回到那里。但可以吗？如果相隔太远怎么办？即使能回去，我们自身不会改变吗？风景不会改变吗？

无论如何，记忆是不可靠的。华兹华斯（Wordsworth，1770—1850）真可怜，他出生时相机还未问世。从以下的抱怨中可以看出，他本可以在阿尔卑斯山之旅中使用相机："这次旅行中，无数次地感到遗憾，我无法更深地记住眼前的美景；离开有幸经过的车站时，我一次次带着最热切的渴望回到那里，希望能获取更生动的画面。"[1]

如今没有相机的话，游客不会想去有异国情调的地方。他们拍照片，但如果出现意外——照片无法显示，这次旅行似乎也就作废了。照片特殊的现实地位，可能是产生这种态度的原因之一。因为，与一幅画不同，相机捕获的孩子羞涩的微笑或傍晚的风景不仅是一种再现，而是一种包含了现实痕迹的呈现，这种痕迹是照射于经化学处理的胶片或数码相机传感器上的阳光被折射的结果。看着女儿照片的父亲感觉自己似乎正抚摸着真实的女儿，而不只是手握着她的画像。那些不喜欢拍照

---

[1] Stephen Gill，William Wordsworth：A Life（Oxford，UK：Clarendon Press，1989），48 - 49.

的原始人也许根本就没有那么落后。他们易于怀疑，照相偷走的不仅是他们的形象或灵魂，甚至还有身体的某些部位。

还有其他方面的差异。当我们看一幅画时，不会问："画框之外还有什么？"但看照片时，我们经常会这么做：我们理所当然地认为在照片之外还存在另一个世界，就像我们看一个场景时，我们假定世界不仅局限于我们的视觉范围内。[①] 因此，风景画比风景照片或人的视野更受限制。也正因为如此，若两者之间必须做出选择，有些人认为照片更像一门艺术。

这还不是全部。由于相机易于捕捉场景，也许还由于相对于风景艺术家笨重的设备而言更便携，鼓励将其视为一种自由的行为。现代的电影摄影机更是这样，可以安装在起重机上，任意升降和摆动位置，以便记录人完全不熟悉的地面场景。我看过很多电影，习惯于通过镜头在情人的特写和鸟儿飞翔的远景之间不断切换观看地方和人，如果只从地面上静态的人的角度观察，我会感到无聊。

有关这个新鲜事物，我举个例子，不过很快我们就会习惯并接受它，成为我们正常视觉体验的一部分。在阿仑·雷奈（Alain Resnais，1922）导演的电影《天意》（*Providence*，1977）中，最后一幕是家庭和解。庆祝自己七十八岁生日的父亲，邀

---

① Stanley Cavell, *The World Viewed: Reflections on the Ontology of Film* (New York: Viking Press, 1971) , 23.

请与他不和的儿子、儿媳及朋友在自家花园中吃午饭。他们围坐在桌旁吃饭，愉快地聊天。摄像机记录下地面上的场景，这是演员们所看到的，也是任何一群人都会看到的，如果他们碰巧在户外吃午饭的话。之后，起重机将摄像机升到空中并加以摇摆，以便摄像机在旋转中为电影观众捕获天空及树梢的画面，然后将摄影机降至地面，记录仆人清理桌子的场面。就此剧终。[1]

雷奈和摄影师的做法可能被看作是一种花招，聪明却超出了正常人类经验的方式。所以让我们按照常规的方式去看待眼之所见。我们看到的物体不是处于静止，就是在运动。看到运动——不仅仅是看到它，而且感受和品味它，这对于我们而言是个挑战，摄影机有助于我们迎接这一挑战。首先，满足我们的欲望。早期电影强调展示这样的场景："人群大量涌出工厂，歌剧院广场上的买卖交易，火车或布洛涅森林里野餐者头顶茂盛的树枝。"[2] 此外，在我们身上培养对运动的"神秘复杂的优雅"（波德莱尔言）的敏感性。这种超越画家与作家艺术性的表现方式——描绘马车艰难通过泥泞的道路，或船只岌岌可危地颠簸在风暴汹涌的波浪上所体现的"复杂的优

---

[1] Sir John Gielgud, *Gielgud, an Actor and His Time: A Memoir* (New York: Clarkson N. Potter, 1980), 198.

[2] Arthur C. Danto, *The Philosophical Disenfranchisement of Art* (New York: Columbia University Press, 1986), 96.

雅"——很容易被摄影机所捕捉。我们可以一次又一次地在电影中体验这种特性，赋予类似静态或动态物体以新的更大的魔力。[①]

生活中可悲的失败是我们忽略了感官所提供的东西。学校教我们如何运用心灵，却忽略了听觉和视觉以外的感觉。这使我们在课堂上了解的世界，基本上是抽象的呆板的——也许令人着迷，但并不可爱；若不可爱，那人们有什么兴趣去关心和保护它呢？这不能完全怪学校，因为学校忙于开发心智。

激活感官不同于激活心灵，不需要同等程度的教导。需要的是，定期被提醒我们感官的力量。对感官力的严重剥夺本身便是一种有效的提醒。一场重感冒过后，恢复感觉时，便有了开心的理由！然而，我们的感激和惊奇转瞬即逝，我们又退回到把环境的感官丰富视为理所当然。

---

① Stephen Cavell, *op. cit.*, 43.

第十三章　心灵能提供什么

我已详述了各种感官并给予高度评价，以弥补人文学科对它们的忽视。感官也许是一种生物禀赋，但正是思想精神或文化指引、扩大和强化着感官的作用。毕竟，若所闻无音乐的烘托，所见无文化的指引，我们又将如何领略星辰的光辉和风景的意境？现在，我更专注于心灵层面，并从语言开始探讨，探讨语言的特性及其赋予心灵非凡的力量。

语　言

什么是语言？语言的基本元素是什么？作为外行人，我们对第二个问题（更为专业的问题）的回答可能是"名词"，因为我们倾向于把现实视为由客观事物组成。如果父母指着对象对孩子说"这是一只狗，那是一个垫子，狗坐在垫子上"，意味着他们鼓励孩子这样看问题。但是 C. S. 刘易斯问道，吸引我们注意力的不是狗而是狗的某种特征，这难道不是更合理的说法吗？刘易斯早期的自身经历非常丰富，对他来说，可怕与可爱就是长者与士兵，而非可怕与可爱的事物。接着他发表了自己的见解："若音乐旋律完全转化成语言，它就可能会变成形容词。好的歌词像极了较长且十分恰当的形容词。"[1]

现在，思考一下地名。学生们觉得在地理课上学这些东西十分枯燥，因为地名似乎只是一些名词，毫无意义，很难记忆，然而地名一旦变成形容词，便拥有了独特的景观、声音、气味以及独特的历史意蕴。与美国地名相比，中国地名更具有形容词的特征，在中国诗人的笔下产生了绝佳效果。美国地名则更像名词，没有浓厚的历史意蕴，罕能唤起人们的情感。此外，中国地名更具视觉优势。代表一个地方的象形文字，其本身笔画的厚重与稳固强化了该地的意蕴。[2]

言词能标示并唤起某种感觉，此时，言词发挥隐喻的作用。为什么直白的名称不足以表达呢？为什么言词不能只具有字面意义呢？因为我们是人类。我们需要感知周围的事物，感知的方法之一便是使用隐喻性言词。例如，当我们把地貌特征与我们的骨骼联系在一起时，就是将其拟人化了，这时它们变得容易理解和熟悉起来，所以我们会说山"脊"、河的"源头"或河"口"、海"湾"这一类的词语。我们面临的另一个

① C. S. Lewis, *Letters to Malcolm* (London, UK: Fontana Books, 1966)，88.

② James J. Y. Liu, *The Art of Chinese Poetry* (Chicago: University of Chicago Press, 1962)；and Ernest Fenollosa and Ezra Pound, *The Chinese Written Character as a Medium for Poetry*, edited by Haun Saussy, Jonathan Stalling, and Lucas Klein (New York: Fordham University Press, 2008; originally published in London in 1950).

挑战是理解复杂而难以形容的现象。隐喻以简单却含蓄的意象解决了这个问题：神是强大的堡垒，生活是一条长河，人是狼或羔羊。

隐喻使生活丰富多彩。这种情况在新词出现时尤为明显，但很多旧词仍有一定的力量。例如，"河口"当然并非新词。事实上，地理学家甚至不把"河口"视为比喻或诗化的词语，然而，它的确给河流的终点增添了一层含义，并且没有使我们对其本质产生误解。母亲把孩子唤作幼崽，这赋予孩子惹人怜爱、天真无邪的意义，无论如何不用担心妈妈弄错孩子的身份。另一方面，隐喻会产生误导。试想"强大的堡垒是神"这一表述。它让我们注意到神的一种属性，但由于频繁的使用使我们忘了神数不胜数的其他属性。再比如，"人脑是一台电脑"这一盛行于认知科学领域的表述。人脑是令人费解的复杂物体，通过类比这一修辞手法将其简化，使科学家能充分理解其工作原理，并取得了巨大成就。从另一个角度讲，这种特定的修辞手法接近了阻碍而非促进人们理解的地步。[1] 那科学家们应该放弃这种隐喻说法转而尝试另一种吗？或更明确地说，科学应该禁止隐喻的使用吗？

这个想法早在 17 世纪的英国皇家学会就已产生，幸运的是，它并未被执行。完全放弃隐喻，即便是可能的，也是一个

---

[1] Isaiah Berlin, *Vico and Herder* (London, UK: Hogarth Press, 1976), 104.

巨大的错误，因为隐喻能卓有成效地启发并引导人的思想。试问以下问题："若没有骏马飞驰这一意象，伽利略（Galileo，1564—1642）会提出有关运动的理念吗？"若不了解分枝树的主隐喻，查尔斯·达尔文（Charles Darwin，1809—1882）对其进化论能坚持多久？"若没有蛇吃自己尾巴的现象，弗里德里希·冯·凯库勒（Friedrich von Kekule，1829—1896）能发现有机分子的结构吗？""或者，若没有看到自动售货机的相似点，萨尔瓦多·卢里亚（Salvador Luria，1912—1991）能完成他的细菌突变研究吗？"①

真正具有丰富或启迪作用的隐喻是成熟思维的产物。年幼的孩子本着娱乐的目的创造了隐喻，毫不奇怪，这部分隐喻最终被证明在很大程度上毫无意义。随着孩子们长大，这些隐喻被丢弃，他们更喜欢来自知觉相似性的隐喻。例如，修女是企鹅，电池是卷起的睡袋。下一个阶段是发现心理上而非知觉上的相似点：不再像小时候，他们能理解"你有铁石心肠"，或把爱比作夏日之类的表述。每一个阶段都有对人类关系与人类

---

① For Galileo's image of the horse, see Italo Calvino, *Six Memos for the Next Millennium* (Cambridge, MA: Harvard University Press, 1988), 43; for Kekules snake, see Anthony Storr, *Solitude: A Return to the Self* (New York: Free Press, 1988), 67; for Lurias slot machine, see S. E. Luria, *A Slot Machine: A Broken Test Tube: An Autobiography* (New York: Harper & Row, 1984), 75; and, on chemical metaphors, see E. Farker, "Chemical Discoveries By Means of Analogies," *Isis*, Vol. 41, Part 1 (1956), 20 - 26.

现实更深层的理解，尽管如此，从字面上来看，这些表述无疑也是错误的。①

对于故事你怎么看？一个好的故事富含隐喻，具体细节不真实，却符合人类经验与条件。当故事含有丰富的现实生活细节时，便被认为是现实的。但很多故事并没有现实细节，甚至有些是彻头彻尾的幻想。所有广为流传的故事——真实的抑或虚构的——都有改变观念的力量，以至于任何"存在"（现实）不再完全一样了。

试想一下英国的牛津城。游客们期待看到一座温馨的"梦想之巅"城。为什么从空中俯瞰，现代牛津城充斥着臭气熏天的工厂并且大面积向郊区扩张之时，人们仍然期待它是"温馨之城"和"梦想之巅"呢？因为马修·阿诺德（Matthew Arnold，1822—1888）用这些词描述了牛津这座城市，反响强烈，从那时起，牛津城便就有了这种固定形象。阿诺德只是众多才华横溢的作家中的一员，他们写过关于牛津的文章，或者把它作为故事的背景。结果他为这座城市施了魔法，使博览群书的游客步入牛津时，惊奇地发现自己沉浸在刘易斯·卡罗尔（Lewis Carroll，1832—1898）笔下的奇异世界，马克斯·比尔博姆（Max Beerbohm，1871—1956）描绘的时尚之都，伊夫林·沃（Evelyn Waugh，1903—1966）构想的势利之城。他穿过

---

① Howard Gardner, *Art*, *Mind*, *and Brain* (New York: Basic Books, 1982), 158.

彻韦尔，看到利德尔女孩正痴迷于爱丽丝的故事；他漫步于大街上，认为自己瞥见了朱莱卡·多布森；然后大步流星地走向基督教堂的大四方院，几乎能看到听到贵族学生的酒后呐喊；接着走进镶板的大学教室，期待看到彼得·温西爵爷喝着雪利酒，正在侦察一桩谋杀案。

一些出色的故事不仅改变了一个城市，而且改变了世界；不仅改变了一段时期，而且改变了整个时代。细想那些伟大的宗教故事。它们缺乏现实主义的态度和行为，却为何拥有如此大的影响力？"如何"仍然是个谜，但无可争议的是，它们的确拥有影响力，因为随着故事的讲述，新的文明已经出现。

接下来是两个为人熟知的例子。第一，悉达多·乔达摩，即释迦牟尼（Siddhartha Gautama，公元前560—前480）的一生堪称神话故事。故事开头，一位帅气的王子居住在宫殿里，这座宫殿据说是个完美的地方，但这位王子却自愿离开，环游整个欧洲大陆以寻求教化。最终，他在菩提树下冥想时找到了答案。第二个是拿撒勒人耶稣（Jesus，约公元前5—公元30）的一生。他出生于马厩，最终被钉死在十字架上，耶稣的故事比释迦牟尼更悲惨——当然，若不考虑复活的话。是复活让这个故事成为神话吗？不论答案是什么，耶稣的故事无疑是强大且有影响力的，不仅权威的解释这样认为，学者视为纯属虚构的支线故事也给予了佐证。譬如，故事中讲，三个国王追随星辰（超新星？）来到了耶稣的诞生地，并带来黄金、没药和乳香作为礼物。时至今日，即使物质主义与世俗观念普及，三个国王对马厩中的婴儿充满敬畏的故事仍能唤起我们的善意。而且这并不是全部。这种感情继续在艺术、音乐、文学领域中表现，转而对生活产生了影响。

一个世俗故事能产生类似的影响吗？这个故事必须简单到能让普通人理解吗？两者的答案似乎都是肯定的。答案出自卡尔·马克思（Karl Marx，1818—1883）所著的《资本论：政治经济学批判》（*Das Kapital：Kritik der Politischen Ökonomie*，1867），这本书只有学者才能理解。然而，当其在学术和政治讲坛中凝练成小册子时，马克思的学说便得以广泛流传。20世纪上半叶，马克思主义成功改变了许多国家的政治和生活。

那普通的言词——随意的言词呢？其实，我们每天都在体验它们的力量。基于对新餐馆的一次印象，随意给出"嗯，服务相当慢"这样一句评论，可能足以让朋友远离它。同样，某位同事的声誉，也很容易因一句话蒙上污点。但想改变这个状况，他需要向我们学习更好的言语技巧。言词的规则与其他活动相同，破坏易建树难。我们可以通过善意和敏锐来加强言语技巧。如何加强呢？肯尼斯·格雷厄姆（Kenneth Grahame，1859—1932）的《柳林风声》（*The Wind in the Willows*，1908）中的河鼠给了我们答案。

鼹鼠和河鼠是好朋友。河鼠在划艇上款待鼹鼠。现在，该鼹鼠回请河鼠了。但鼹鼠却因此而感到羞愧，认为自己的家是

"贫穷寒冷的小地方"。河鼠用言词和手势给出大方的回应，重塑了朋友鼹鼠的家："你的家好简洁！规划得好棒！东西应有尽有而且摆放合适！"河鼠开始生火，并让鼹鼠清扫家具上的灰尘，但又发生了一件让鼹鼠尴尬的事：家里没有食物。

鼹鼠忧伤地叹息道："没有黄油，没有——"

"没有鹅肝酱，没有香槟！"河鼠继续笑着说，"哎呀，这倒提醒了我，走廊尽头那扇门后面是什么？肯定是你的地下室啦！肯定藏着你的奢侈品！你等我一会。"

河鼠向地下室走去，当它回来时，一手提着一瓶啤酒，胳膊下还分别夹着一瓶。它说道："鼹鼠，看来你是任性的乞丐啊。你认为自己一无所有，但这却是我去过的最快活的地方了。你从哪里得到这些印刷品的？这让你的家如此温馨，真的。难怪你会喜欢。快把这一切都告诉我，告诉我你是怎么样做到的。"①

建　筑

鸟类筑巢，白蚁建造蚁穴，但是动物们并没有建筑的概

---

① Kenneth Grahame, *The Wind in the Willows* (New York: Heritage Press, 1944), 69 - 70, and Yi-Fu Tuan, "Landscape and the Making of Place: A Narrative-Descriptive Approach," *Annals of the Association of American Geographers*, Vol. 81, No. 4 (1991), 684 - 96.

念：首先在心中有一幅图像——一幅理想的图像，然后将其转化成物质现实。人类做到了，因此人不仅仅在建造，还有建筑。建筑能够不断进步：不断的构想（规划）带来不断的建筑物。

我用内部空间来举例说明。一般而言，人更了解"内部空间"而不是"外部空间"，虽然体验的性质完全不同，取决于人接触建筑物的种类。从第三王朝的古埃及人开始，他们了解外部空间的崇高性（试想公元前2630年，埃及建筑师英霍蒂普在塞加拉设计的第一座金字塔，建在月光之下），但其内部空间却黑暗杂乱。古希腊人在卫城之巅筑造了帕台农神庙（Parthenon，公元前447—前432）以振奋精神，但神庙的内部空间并不比埃及的祭庙大。欧洲人不得不等到哈德良皇帝建造万神殿时（约126），首次实现内部空间的优雅庄严——转动的太阳照亮了广袤的半个地球。[1]

另一巨大的飞跃是哥特式大教堂，它起源于12世纪的法国。进入哥特式教堂，首先映入眼帘的是立柱高耸的大厅。立柱在天花板呈扇形散开，就像森林中分枝上的树叶。比尖顶拱门与立柱更引人注目的是灯饰。哥特大教堂是穹顶式建筑，灯光闪烁，色彩斑斓。破窗而入的阳光，宝石闪闪的绣花长袍，

---

[1] Sigffied Giedion, *Architecture and the Phenomena of Transition：The Three Space Conceptions in Architecture* (Cambridge, MA：Havard University Press, 1971) .

镀金圣杯，珠宝镶嵌的十字架，使整个教堂熠熠生辉。这些颜色符合现代人的审美标准，因为其使得内部空间增色不少。但是，对于中世纪的人来说，这些颜色也代表着基督教的美德——每种颜色都是一种美德。一流的视觉奇观是音乐的肃穆和辉煌。哥特大教堂是一个音乐盒，中世纪时充满了节奏舒缓但旋律极强的圣歌；后来，就有了欧洲最伟大的作曲家的奏鸣曲。在正常状态下，大教堂是一种精神和多种感官的体验。在过去，没有建筑空间提供过如此丰富的体验，当然，现在的建筑空间也没能做到。难怪哥特式大教堂被称为天堂的前院。

与内部空间相比，外部空间的宏伟更容易实现。我们都了解埃及金字塔、丧葬庙宇及雅典帕台农神庙的外部庄严和内部局限。又如西藏的布达拉宫（Potala Palace，1645）和北京的天坛（Temple of Heaven，1406—1420）。布达拉宫外部的雄伟壮观使内部显得狭小昏暗，本身就应提升精神境界的广阔外观必须凭借其他象征手法——闪烁的油灯、林立的雕像、跪拜祈福的僧侣——来提供精神启示。至于天坛的内部构造，精心制作的木梁吊顶悬于头顶，这的确引人注目，但缺乏步入哥特大教堂时那种高耸的感觉。中国建筑师，即使有这种想法，也缺乏技术手段来建造一个如此壮观、给人浮动幻象的光亮空间。中国的传统建筑中，最接近崇高的内部设计是大庭院，与世俗世界隔绝，但向天空敞开。

现代建筑师似乎拥有实现梦想所需的全部技术。令人惊讶的是，结果却重归于注重外部的壮观。建筑师法兰克·盖瑞（Frank Gehry，生于 1949 年）设计的西班牙毕尔巴鄂的古根海姆博物馆（Guggenheim Museum，1997），荷兰建筑师雷姆·库哈斯（Rem Koolhaas，生于 1949 年）设计的北京中央电视台大楼（Central Television Tower，2009），都是博人眼球的不朽之作。切记，不要单单满足于视觉新奇，而是要让人一直注目。相比之下，身体作为一个整体是保守的，其舒适地带有限。建筑师无法设计出相互连通的内部空间或是呈弧线、曲线和斜线形状的外观而不引起眩晕和恶心。这些几何图形充其量只能吸引人的注意力，不仅让游客不能专心欣赏博物馆里的画作，如美国建筑师弗兰克·劳埃德·赖特（Frank Lloyd Wright，1867—1959）设计的纽约市古根海姆博物馆，而且使工作人员也不能专注于手头的工作，如库哈斯设计的电视台大楼。

这种自相矛盾的目的不会发生在宗教建筑物中，礼拜者一进入教堂、清真寺或庙宇，就应该想到神。祷告、圣歌、赞美诗、诵读课程和布道都直接关注着神。远非多余，建筑是全部精神体验的核心。以一种奇特的方式，我们这个时代的样板建筑又回归到古代的样板建筑，两者都出现华丽的外观与朴素的内部形成鲜明对照的情景。然而，出现相同情景的原因却完全不同。古代建筑师缺乏技术来筑建宽敞且提升精神境界的内部空间。现代建筑师则没有了这种需求。在我们这个世俗的时代，最直接的"精神"体验出现在我们进入博物馆欣赏画作之时以及在音乐会倾听交响乐之时。

我们进入的建筑物内部通常是繁忙的酒店大堂，或是安静的办公室和公司走廊。无论如何，我们进去之后都不会遇见神！所以，对于建筑师来说，灵感——终极的灵感——来自何处呢？

空间与空间感

空间感是大自然提供给我们的丰富体验。因此，我们可能会认为，即使在这里，建筑起的也是引导作用。细想杰弗里·泰茨（Jeffrey Tate，生于 1943 年）在法国索姆河河畔亚眠大教堂（Amiens Cathedral，1220—1270）里的经历。杰弗里·泰茨小时候患脊髓缺陷症，走路不稳，这使得他在担任伦敦皇家歌剧院指挥时异常艰难。于他而言，走路是一种斗争。他对朋友们说，当进入教堂时，面对面前的空间，他有种非凡的感觉，感到自己可以随之而动。① 亚眠大教堂以其建造规模和高度而著称。但我们真的需要建筑来理解规模吗？毕竟，即便是圣彼得大教堂的大厅，与它坐落的峡谷比起来也是那么渺小。然而是教堂而非峡谷给了我们居高临下的规模感及高度感。建筑物凭借其高度与规模的恰当比例，引导并指引着我们的视线。大

---

① David Blum, "Walking to the Pavilion," *The New Yorker* (April 30，1990)，51.

自然很少有这种几何形式的清晰，一旦具有，我们就称其为雕塑或建筑。

另外两个例子揭示了我们的空间感如何通过文化技术手段得以延伸。从这个问题开始："是什么给了我们最基本的空间概念？"答案，不是视力（眼睛看到以三维方式呈现的物体的能力），而是我们的移动能力。婴儿的踢腿便是开始；他们张开双臂，扩展了更大的空间；抛出一块石头，看着它飞向远处，开拓了更大的空间。这种例子不胜枚举。空间随着物体抛射方法的改进而不断扩大：从以手臂扔出到投掷器的助力抛出，从手中拉紧的弓箭到枪里发射的子弹，再到火箭、宇宙飞船的升空。科技的发展给了我们更大的力量，最初抛出石块的动觉体验变成弓箭横空飞过的视觉感知，最终成为对空间延伸的抽象理解。换言之，我们感觉到的空间减少了。而抽象理解是否也能给人广阔的空间感，需要数学天才来回答。

另一个例子是我们在空间中移动时。从爬行到直立行走、再到跑，我们移动的速度越快，我们面前展现的空间越大，比起需要克服的阻力，我们面临着更多自由的诱惑。随着马的驯化，人类经历了不同的速度。想象一下策马者骑着马儿驰骋于内蒙古大草原的自由感。机器同样使人摆脱了速度的限制。试想这些机器速度和机动性的不断提升，如自行车、摩托车、跑车和轻如飞燕的轻型飞机。具有讽刺意味的是，随着机器越来越大，功能越来越强，速度越来越快，空间和空间感开始减少了。乘客被固定在巨型飞机的舒适座位上，有着婴儿般的静止，他们的空间和空间感降至最低。宇航员并没有享受到空间的无限，感受最深的是飞船的有限空间；没有感受到自身的运动力量，只是感受到自己的失重状态。他们飘浮在飞船中，自身无法控制加减速，而飞船看似不动，只是悬浮在漆黑的太空中。

空间与日常生活中的时间密切相关，我们将在后面看到。但在这里我会提及这样一个联系，一是因为它源于我刚刚提到的运动速度，二是因为它是仅在过去二十年左右才广为人知的联系。这正是我所想的。新闻传播的速度和我们自身的移动速度，都通过缩短我们所认为的过去而明显延长了我们的现在感。在不久前，远方传来的新闻并不是实时的，我们听到的都是过去发生的事情。人们活在当下，却总被过去所包围。今天，甚至来自地球另一端的新闻也是同步的，我无时无刻不处于现时之中，而过去被快速的传播彻底抹去了。如果人的移动比消息的传播更快呢？那么再一次，现在得以延长，过去被缩短了。 1941 年，我历时三周从香港坐船到悉尼。回到香港，我可以把澳大利亚作为我的过去，因为我不可能再有时间穿越那些空间。如今十二个小时内我便可穿越它，结果，悉尼几乎等同于香港，同属于我的现在。这两座城市变成了循环路线的两端——一条通勤线路！所有通勤都像发生在延伸的当下。

行驶的速度，甚至是电子通信的速度都在急剧地缩小着空间。对于商业行为等生活的实用目的，空间是一种阻碍，因此我们希望缩小空间。然而，在其他情景和体验中，空间仍能提高我们的生活质量，依然暗示着美好的事物。因此我们可以说，一件杰出的艺术品给予了我们空间感，好像我们被邀请进入"某个巨大的反思大厅"，友谊是相互给予共鸣的空间。[①]"友谊，"罗兰·巴特（Roland Barthes）说，"可以被界定为完全洪亮的空间。"[②]

时 间

感觉给了我们这个世界，却没有给我们这个世界的主要维度——时间。我们可能会随意地说出"时间感"这个词，但我们却不具备感觉时间的器官。时间是我们体验和构建的。在等待、期盼或希望时，我们便体验并感受到了时间。正如当我冥思苦想等待被启发时，这种等待是如止水般的平静。然而，大多数情况下，等待让人有压力，因为它让我们变得被动。若期望未来发生好事，我们便怀揣积极的感觉，但在期待的过程中，这种感觉也可能是被动的。期望不会使我原地等待，而是激励我向着期望的对象前进，近似希望。希望是将未来看成我

---

① Iris Murdoch, interviewed by Bryan Magee in his book, *Men of Ideas: Some Creators of Contemporary Philosophy* (New York: Viking, 1979)，283.

② Roland Barthes, *A Lover's Discourse* (New York: Hill & Wang, 1978)，167.

前进的方向。

时间也可能被体验为身体的节奏：呼吸，睡眠和清醒的交替，精力和疲劳的交替，也可以被体验为身体有节奏的运动：行走时手臂和腿部的来回摆动。等待（空闲时间）的痛苦因节奏时间而减轻，比如，敲手指，在扶手椅上来回摇摆，或踱步。时间在能量混乱时可以被有方向地体验到——人在一天结束时感觉愈发劳累，在人生迟暮时感觉愈发虚弱。旅行是方向感的又一源泉：空间上的"这里""那里"与时间上的"现在"和"那时"相一致。

在身体摇摆和周期性的运动中感受到的时间是通过自然中的相似之物来确定的。例如：海岸海浪和河口潮汐的来回运动，太阳东升西落在天空划出的弧线，四季从冬到春再到夏然后又回到秋和冬的更替。摇摆和周期性运动从总体上来看都不具方向性，但如果只注意摇摆的一部分，如涨潮或退潮，便具有方向性。时间具有纯粹的方向性，河流无疑是一个不那么模糊的形象。

对时间的这些体验是常见的，但只有环境或文化，或两者都关注它们时，才会被感知。就以热带雨林来说，生活在其中的狩猎采集者像所有动物与人一样呼吸，像人一样摇摆着手臂走路，但没有理由将这些生物节律视为时间尺度的类型。就此而言，他们没有意识到时间的存在，在日常生活中我们也没意识到。狩猎采集者会注意环境中的摇摆或周期性变化吗？不会。在赤道地区，昼夜循环常年不变，季节变化过于微弱，无法引起注意。雨林中的植物和动物确实有变化，它们有成熟的阶段，如果被意识到，人们可以从中辨别出方向或时间周期。但是这些阶段可能没有被意识到。例如，刚果东北部地区的姆布蒂人，对其赖以生存的动植物了解甚多，但也存在惊人的缺失——他们不知道自己吃的水生幼虫会变成蚊子以及毛虫会变成蝴蝶。[1] 除了季节的缺失，距离的缺失也使姆布蒂人没有意识到时间的流逝。在茂密的森林里，狩猎采集者总是在靠近他们看到或需要的东西。当他们看到要猎杀的动物时，猎物就在面前。他们没有意识到，他们的所需之物及目标需要付出努力和时间去实现。没有相距太远的"这里"和"那里"，不需要费力克服距离障碍，不需要被注意并被表述为"现在"和"后来"这样的时间术语。

与雨林形成强烈对比的是沙漠。澳大利亚的土著居民也是以狩猎采集为生，其物质文化水平堪比姆布蒂文化，他们生活在巨大的开阔空间里，可以看到很远的地方，也需要看到很远的地方，以便意识到水和食物的可能位置。姆布蒂人生活在资源丰富的环境中，到处都是食物；而澳大利亚土著居民则不同，他们必须不断迁徙来寻找食物。他们的生活就是由其祖先

---

[1] Colin M. Turnbull, "The Mbuti Pygmies: An Ethnographic Survey," *Anthropological Papers*, The American Museum of Natural History, Vol. 50, Part 3 (1965), 164.

创造的旅途。对于行进中的人来说，总是存在他们此刻所处的"这里"以及下一站的"那里"。行程需要时间，时间的长短是以付出的努力及风景的变换来衡量的，时间如同旅程是有方向的。澳大利亚土著居民意识到方向性的时间还有一个原因：把祖先的神话旅程叙述为他们仪式生活的一部分，这对于他们来说十分重要，这些叙述是按时间顺序构成的事件。①

从这些简单的文化到西方文明是一个飞跃，这是由构成时间基本观念的共同体验所证明的。西方文明植根于古以色列和古希腊。以色列人或希伯来人以四处游走而著称；"希伯来"这个词的本意就是"赶车人、乘敞篷车旅行者、风尘仆仆的人"，这个人的驴子在人来人往的路上扬起灰尘。对希伯来人来说，最重要的事件是被称作"出埃及记"的大迁徙。摩西带领其百姓脱离了埃及（Egypt，约公元前 1300）的束缚，到达迦南的边缘，在四十年艰苦的沙漠之旅中，人民遭受苦难，但仍然忠于神。迦南这片应许之地早已有务农的居住者，在希伯来人眼中，这些人放纵自己的感官，热衷财富，崇拜地方的太阳神。对他们来说，时间是周期性的，就像所有在土地上劳作的人一般，他们的活动日程与太阳运动一致。由于他们的

---

① Bruce Chatwin, *The Song Lines* (New York: Viking Penguin, 1987), 56 and 73, and Ronald M. Bernd and Catherine H. Bernt, *Man, Land & Myth in North Australia: The Gunwinggu People* (East Lansing: Michigan State University Press, 1970), 19 and 41.

游牧背景以及最近在荒野中四处奔波形成的节俭习惯，希伯来人理所当然地认为他们有权力取代太阳神的信奉者，在此定居，并信奉历史之神，即有开始、中间、结尾这样连续时间段的神。

西方文明的另一根源——希腊的世界观以空间和地点为中心，在一端集中关注宇宙空间，另一端则关注地方或地点。宇宙空间给了希腊农民时间的循环概念。然而，精英们也有线性的时间感，这是基于他们对祖先的骄傲。来自竞争对手城市的居民声称，他们，只有他们，从一辈辈祖先那里继承而来，他们的命名——一个接一个——给他们一种时间连续感。希伯来人也吹嘘自己的血统，希腊人则与他们不同，希腊人缺乏连续的主导叙事，也就是现在我们所说的"历史"，因为它们没有贯穿时间的神来引发或监督事件以免他们会无可救药地偏离轨道。希伯来人与希腊人的另一主要区别在于，希腊人，以柏拉图（Plato，公元前 429—前 347）为杰出代表，持有一种观念——永恒，完全超越了时间，希伯来人则没有这样的观念。

受基督教教化的欧洲人接纳了犹太教的历史之神，随之而来，就有了一个包括开始、中间和结尾的故事主线，这个故事引领人们走向救赎。但一旦基督教成为居民的既定宗教，它也接受了宇宙和周期性的时间观念，这在与异教、自然宗教相似的季节仪式日历中有所体现。要成为一个基督徒，就必须同时经历两种意义上的时间，要与这个世界上的地方和日常事务打交道，意味着要经历周期性的时间，同时要成为踏上救赎之路的朝圣者，这意味着经历线性和方向性的时间。罗马天主教教堂中，大部分宗教仪式遵循着自然界的循环，基督教根基仍然深厚。一个例外是十字架，通过这组耶稣受难图，朝圣者追溯基督受难的一系列事件；也就是说，他们走在一条有方向的路上。与天主教教会相比，新教教会更重视布道，布道是有方向和要点的故事，正如基督生活的故事。至于永恒，存在于基督教教徒的思想之中，就像柏拉图的思想一般，延续了几千年。然而，一直以来，认真参与者很大程度上仅限于哲学神学家和神秘主义者。

在教会及其仪式之外，时间的周期性和线性观念随着世界的变化而发生变化：一会是这样，一会又是那样。欧洲的绘画艺术讲述了这样一个故事。在大约1400年左右风景成为主题之前，欧洲绘画（其中大部分体现宗教主题）中，可能前景是十字架或圣人的形象，景深浅，顶部可能有个金盘代表太阳。这基本上是一幅平面的构图，太阳置于画作顶端，与周期性的时间观念相一致。最终，太阳不断下降至地平线，观众的视线也穿过广阔的空间，跟随太阳到了地面，或转向其他引人注目的地方，如蓝天一角或教堂塔尖。在风景画中，空间、时间都有了方向。两者都从观察者所在的地方延伸到远处的地平线，从

"现在"的"这里"转向了"后来"的"那里"。①

　　若地平线上或地表以上显现的不是夕阳，不是那一角蓝天，也不是教堂塔尖，而是天堂——一个崭新的世界，那又会是什么样？在风景画作为著名的艺术形式兴起之后，很快便出现了地理大发现时代。景观艺术家不再仰望天堂，而是向外眺望远方的地平线，探险家们也是如此，尽管他们的视线总是在地球上。从宇宙到风景的九十度转变，标志着中世纪思想的结束和现代早期思想的开始，这是从宗教到世俗的转变，是目标从天堂到地理空间的转变。②

　　有方向的时间意味着进步。进步的思想起源于古代，那时技术的进步最早变得显而易见了。然而，自1500年以来，它的高涨并非仅仅是因为人们意识到正在建造更好、更强大的仪器和机器，艺术家们成功地实现了他们所认为的风景的精妙表达，这也起了促进作用。这一成就依赖于新机械装置的发明，例如暗箱，以及对透视几何的更熟练运用。③ 到1800年，艺术家们开始感觉到他们取得了足够多的成就。同时，进步也体

① John T. Ogden, "From Spatial to Aesthetic Distance in the Eighteenth Century," *Journal of the History of Ideas*, Vol. 35, No. 1 (1974), 63-78.

② Yi-Fu Tuan, *Topophilia: A Study of Environmental Perception, Attitudes, and Values* (Englewood Cliffs, NJ: Prentice-Hall, 1974; reprinted by Columbia University Press, 1990), 129-36.

③ Thomas S. Kuhn, *The Structure of Scientific Revolution* (Chicago: University of Chicago Press, 1970), 161.

现在其他领域的成就上，到了 19 世纪，又转向实际的风景改造领域。历史学家、地理学家和主张保护资源的人都清楚，风景改造这巨大的一步，远远超过风景艺术完善的小步伐甚或是技术革新的更大步伐，是将森林变成农场，农场变成村庄和城镇，并在此基础之上建成到处都是玻璃、钢筋搭建的高耸建筑物的城市及大都市。

19 世纪末，产生了与进步相背行的强烈反应，它也必然与线性时间观相背。其观点是，进步不仅以牺牲自然为代价，生活其中的人类也会受到牵连，而且，持续、快速的进步不会持续下去，在未来的某个时刻，维持生命的自然系统可能会崩溃。因此，另一种基于生物学而非物理学与机械学的思路得到人们的青睐。它被称之为生态学，[①] 其基本准则是相互依存：生物系统中一环的任何变化迟早会影响其他部分。周期式而非箭头式、循环性而非线性的时间概念，相互依赖而非线性因果关系成为主导现实。然而，生态学较为静态的观念必须融合生物学上的另一个主要创新——进化。其结果是，任何对地球上生命的全面诠释都必须协调周期性和线性这两种时间观念。此外，生物学家提醒大多数人，"线性"和"方向性"意味着进步。

---

① The term "ecology" was first coined in 1866 by the eminant German zoologist Ernst Haeckel (1834 - 1919).

时间具有方向性引出了以下问题，"时间有多久？有多远？"对于狩猎采集者来说，时间之箭非常短。他们的昔日感比先辈更模糊，再加上缺乏强烈的未来感，他们更多是活在当下。相比之下，等级社会的过去可以追溯到几代以前。对于声誉的渴望鼓励人们夸耀自己的血统——历史越久、名气越大，声誉也就越好。正如我前面提到的，希腊人和希伯来人都如此吹嘘。即使是在今天，血统仍然很重要。美国人把他们在社会中的地位看作是自身成就的回报。然而，祖先仍然很重要，声誉归于那些能从"五月花号"（英国清教徒首次去北美殖民地所乘坐的船）追溯自身血统的人们。

我们的方向性时间观是非对称的：对过往情况的了解凭借名字和物质标记，而对未来的预测没有这种支撑，因此，很快就会陷入模糊状态。政客们热衷于说："为了孩子以及他们的后代，我们必须这样做。"这听起来不错，极具远见。这些话对他们来说有一种庄严的、《圣经》般的节奏，但是政客们真正想得到的是人们对其感兴趣计划的支持以及声誉。我怀疑他们能在诸如喝粥充饥、富足无忧等细节方面设想出他们子孙的未来。当我，从神对亚伯拉罕（希伯来人祖先）的许诺中得到启示，用"恭喜你！你正在成为国家的缔造者！"这句话跟学生的父亲打招呼时，我便明白了这一点。他震惊了。他根本就没有考虑过那么遥远的前景，根本就没有想过有这样的可能性，即一千年之后，在他的无数新生儿的后代中，或许会有一位阿基米德（Archimedes，约公元前287—前212），也或许会有一位希特勒（Hitler，1889—1945）。

不同文明对时间的认识不同。即便以保存历史记录为傲，且经常提到过去的黄金时代，中国也有一种肤浅的时间观。这可能是因为它的世界观——认为宇宙一直存在，因而缺少时间脉络，也可能是因为大部分中国建筑的材质是木材，很容易腐烂并被焚毁，因此其景观缺少建筑的时间标志。在这方面，中国与欧洲有着明显的不同，欧洲有许多这样的标志，一直追溯到史前巨石阵（Stonehenge，约公元前2500）。尽管存在这样的标记并持有包含创造行为的世界观，在进入18世纪之前，欧洲也有一种肤浅的时间观。即便是后来，像塞缪尔·约翰逊（Samuel Johnson，1709—1784）这样的学者随手指定公元前4004年作为地球的诞生年份，这就是《圣经》的负面影响。约翰逊与所处时代的先进思想是脱节的。一种新的地质科学出现了，大大延长了地球的年龄。与约翰逊生活在同时代的詹姆斯·赫顿（James Hutton，1726—1797）研究了地层记录，从中看出："没有开始的遗迹，也没有结束的可能。"①

---

① James Hutton, *Theory of the Earth* (New York: Stechert-Hafner, 1959; first read before the Society of Edinburgh in 1788 and then expanded and originally published in two volumes in 1795). See, also, Stephen Toulmin and June Goodfield, *The Discovery of Time* (Chicago: University of Chicago Press, 1965), 76, and John B. Jackson, "In Search of the Proto-Landscape," in George F. Thompson, ed., *Landscape in America* (Austin: Univeristy of Texas Press, 1995), especially 48 - 50.

在不同的文明中，印度在时间无限的概念上独树一帜。佛教谈及"劫"一词，每一劫都要历经十二亿八千万年。但这个数字似乎并没有给人留下深刻的印象，他们运用比喻来使人联想时间的无限性。下面是一个例子，假设有一座非常坚硬的岩石山，体积比喜马拉雅山还要大，有个人每个世纪都要用一块布轻擦那座山一次，那么他把整座山都磨掉的时间跨度就是一劫。[①]

站在广阔的空间边缘我们会感到头晕目眩，但是站在无限的时间边缘我们不会产生这样的感觉。所有印度的形而上学者的说辞以及西方科学家提供的地质年代的真实资料都表明，时间无限的延伸并不能完全渗入我们的意识和心灵。这种情况很少见。但它会发生，在美国新墨西哥州的阿尔伯克基居住时，我曾亲身经历过。在阿尔伯克基以西约一百英里的拉玛纳瓦霍印第安人保留区，矗立着摩罗国家纪念碑，这座碑建于1906年。景观中最引人注目的当属普韦布洛遗址，哥伦布发现美洲大陆前的岩画和数百个由游客在谷底上方两百多英尺高的松软砂岩巨石上刻下的签名。这些铭文可以追溯到17世纪，当时西班牙探险家途经此地，现在则由玻璃板保护着。1962年当我参观这座纪念碑时，只有少数游客注意到这些签名。大多数

---

① Edward Conze, *Buddhism: Its Essence and Development* (New York: Harper Colophon, 1975), 48-52.

人走马观花或准备野餐食物，孩子们嬉戏打闹，大声尖叫。我独自一人，观赏着这些签名。起初只是稍有趣味，然后出乎意料地，把我推入了时间的深渊。让我吃惊的是这样一个想法：三百年了，崖面竟然还没有退化到足以将这些签名消磨掉的地步。但我从地质学书籍上得知，它的原始位置可能在半英里之外。三个世纪的人类历史是相当长的，但五十万年的风雨洗礼才使得悬崖退缩了半英里，而这五十万年只是地球历史的一瞬间。有了这段经历后，我想我再也无法欣赏山景了，因为它向我们展现的空间美景都会被时间的巨大鸿沟所抵消。不用说，这并没有发生，我仍喜欢山景。健忘和想象力的迟钝使我和我的同伴们保持冷静。

地质层记录着时间，建筑物也是如此。文化史学家、人文主义者刘易斯·芒福德（Lewis Mumford，1895—1990）确信城市让时间可见。显然，并不是所有的城市都能一概而论。许多美国城市仿佛不受时间影响，一夜惊现。中国的传统城市是一个宇宙图，且不受时间影响。中国的建筑物也不是好的时间标记。建筑物修建的原始时间或许很久远，但自建成后可能历经了多次重建。保留下来的是形式而非材质。而且，除非是对一位建筑专家而言，否则形式也无法清楚地记录时间。中国建筑风格的演变并不引人注目，穹顶就是一个很好的例子，不像欧洲建筑那样极具风格创新：从罗马式到哥特式，再到巴洛克式，19世纪的折中主义，现代主义，一直到后现代主义。因此，主要是古老的欧洲城市使时间清晰可见，这不仅由于那些年代不同、风格迥异的建筑物，还因为城市的不断扩张。巴黎就是城市扩张的典型例子。从塞纳河一个小岛上的原始中心开始发展——历经13世纪和17世纪，及1789年到1840年这段时间——城墙不断扩建以保护居民。最终城墙被推倒，取而代之的是一条条的环形路。在地图上看到这些环形路时，我不禁联想到树木的年轮。[1]

尽管美国人专注未来，但他们一直都对过去念念不忘。但凡有荣誉感的城市，无论规模大小，都希望有座博物馆。即使是19世纪的边境城镇，也可能有一个商店，同时被用作博物馆，陈列老式机器、家具、旧地图和照片。[2] 然而，无论是中国、印度这两大亚洲文明古国，还是欧洲，直到18世纪才开始出现博物馆，这着实令人吃惊。在欧洲，博物馆一开始是私人珍品收藏处，最初的重点在于"奇珍异品"，而不是年代和艺术价值。即便是现在，我们参观博物馆时，又能在多大程度上意识到时间呢？我们是否仍倾向于将展品视为珍品，或者，如果我们是有识者，仍倾向于将展品视为可从中获得知识的历史文献？我们中很少有人可以像约翰·厄普代克那样说："他

---

[1] Lucien Gallois, "Origin and Growth of Paris," *Geographical Review*, Vol. 13, No. 3 (1923), 360.

[2] Alvin Schwarz, *Museum: The History of America's Treasure Houses* (New York: E. P. Dutton, 1967), 126 - 27.

被吓坏了，就像原先被博物馆吓到一样，此刻，它是学校的一部分，在那里看到木乃伊在金子制成的棺材中腐烂，看到在象牙面前目瞪口呆的中国人。这些不可思议的遥远的生活、存在的深渊，比大洋底部摸索爬行的生物还要悲惨。"①

博物馆在边境小镇的存在，并不意味着当地居民试图寻根或相信其身份基于过去。恰恰相反，他们非常看重未来。古老家具的零碎部件和农用工具，若非得说有什么用的话，那就是提醒当地居民自身的进步程度。那台旧的床架和犁可能就在几十年前被父母使用过，但它已列入过去的行列，在人们看来就是古董。20 世纪下半叶出现了一种与此截然不同的倾向。在迅速变化的社会和技术环境中，美国人越来越没有归属感，他们积极地在祖籍中寻求慰藉。家族血统成为一个流行的趋势。在带有任何民族风味的城镇，人们通过复兴老建筑和习俗，组织吸引人的节日活动和表演来加强民族特色。在某种程度上，这是经济发展的需求。随着制造业的衰退，人们越来越需要寻找其他的收入来源，其中最有前途的是旅游业，因为，在缺乏粮食、木材或拖拉机可出售的情况下，他们总还有盛装之下的祖上宝贝可以换取价值。但这并不是否认，在城镇居民中确实存在一种实实在在的愿望，就是要寻回他们祖先更简单、更有文化特色的生活方式。勿庸置疑，他们所想要寻回的经过了慎

---

① John Updike, *Rabbit Redux* (New York: Fawcett Crest, 1972), 202.

重选择，选取愉悦与美好，摒弃丑陋与残酷。①

对于时间的讨论，我从自己和他人的经历开始——等待与期盼的不安时分和怀揣希望的喜悦时刻——进而转向不同文化的时间观念。然而，这些文化的时间观念很少影响到个人的情感和情绪。正如我所提及的，即使我从教科书上知道地球的年龄，在观看摩罗国家纪念碑之前，时间仍然是一个数值层面的抽象概念，而不是我能感觉到的东西——比如令人毛骨悚然的深渊。那么，在什么情况下，时间能被个人感觉得到呢？

路易十四步入谒见厅时，大声说道："你险些害朕等你。"在他的朝臣进入后不到一分钟，他就走了进来。令人吃惊的是，尊为太阳王的他几乎不得不等。没有什么比谁等谁更能彰显身份地位。时间而不是空间具有决定性，因为时间就是生命，即使最有权势的人也只有有限的寿命。最终，这就成了谁的时间——也就是谁的生命——更有价值的问题。士兵总是等着他的长官，出租车司机势必要等待客人，恋人要等他的爱人。权力和地位的不平等存在于所有社会中，使得忍受时间的流逝成为每个人的生活现实。我们往往忘了，人也不得不等待大自然的恩赐。世界各地的农民们都知道，晴朗无云的日子里，在天空中寻找雨水的迹象是一种什么情景。

---

① Steven Hoelscher, *Heritage on Stage：The Invention of Ethnic Place in America's Little Switzerland* (Madison：University of Wisconsin Press, 1998) ．

现代的富裕社会中，生活变得更加自信，未来也更具魅力，就像一片要被殖民的处女地。我们稳步前进，直到遇到一个意想不到的障碍，期间，时间戛然而止，未来似乎成了一堵墙。一旦困难被克服，时间之门便会再次打开并与我们的下一个目标相适应。所以生活还在继续，充满希望，却又伴随焦虑。然而，有一种焦虑是无常和难以安抚的，深埋在我们的意识里，就像凌晨三点钟的胸痛一样，突然显现。我指的是对死亡的焦虑，它随时都有可能发生，没有任何征兆。开心的时候，时间对于我们来说就像是一幅阳光斑驳的风景画；情绪不好的时候，我们知道，时间隧道上的坑坑洼洼会阻碍我们的步伐，甚至让我们丧命。

无论我们愿意与否，时间都在无情地流逝。获得对时间控制感的方法之一，是将其划分成若干部分：早上、中午、下午和晚上；黎明、白昼、黄昏和夜晚；月亮运行的四个阶段；四季。所有人都以这种方式将时间周期化。另一种方法是用我们自制的仪器测量时间，最早在西方使用。西方人认为，越准确地测量时间，就能越多地控制时间，从而使时间为我们服务。日晷、沙漏、时钟和手表都是提高了精度的计时器。然而，在日常生活中，事实恰恰相反。时钟和手表非但没有让我们有一种对时间的控制感，反而使我们的时间意识变得过于敏锐，让人有种被奴役感。但是还有第三种方法，确实让我们有一种对时间的控制感，这种情况发生在时间被用来服从道德原则的时候。原则之一是承诺，承诺就是约束未来，限制其开放性和不确定性。另一种原则是宽恕，在信仰基督教的西方独树一帜，宽恕就是抹掉过往，剥夺时间玷污现在的力量。

想象与幻想

想象与幻想是日常生活的组成部分，是心灵的产物。正如我前面提到的，人的感官强大而微妙，因为它们有心灵作为后盾。心灵的产物——文化——会依次影响感觉、行为和心理过程。原已司空见惯的能力却让有经验主义倾向的知识分子心存疑虑。朋友们说我富有想象力时，我认为这是一种恭维，若是重复地说，我就断定他们认为我与现实脱节。被称为不切实际的人或喜欢幻想的人，我认为更是带有轻蔑的味道了。很明显，与现实相联并基于常识的现实主义是必需的。但是为什么会这样？毕竟，所有的动物都是基于常识并与现实相联。人类幸存下来，也只能说明，除了我们倾向于幻想，与其他动物没有什么两样。然而，将人与动物区分开来的是：除了能适应赖以生存的生态环境，我们有意识地努力去想象一些更美好的东西，然后尽力将设想变为物质现实。我们成功地做出了改变，这要归功于我们的想象和对事实的把握。

想象和对事实的把握是两种截然不同的能力。对于这两者，有的人更擅长其一，有的人则更珍视其一。试想一下这几类人，先从科学家开始。他们是现实主义者，迷恋经验数据，对幻想抱有怀疑。我们相信这些，然而，这种描述与一些伟大的科学家并不相符。例如，据报道，艾伯特·爱因斯坦（Albert Einstein，1879—1955）曾说过，在审视自己的思维方式时，对他来说，幻想的天赋比把握事实的天赋更重要。[①] 在某种程度上，对于身为非科学家的我们来说，这不足为奇，因为，对于我们来说，爱因斯坦关于相对论和时空连续体的观点，无论多么真实，都是想象之物。然而，一个根本性的差异，将不过是白日梦和普通人一厢情愿的幻想与科学家的想象区别开来。科学家的幻想与逃避现实的自我放纵相反，更确切地说，这是一个对思维的训练过程，最后，真实得以显现，呈现出未知的奇异和美丽。这种训练的先决条件是什么？是异常的好奇心，崇尚简单的性情，寻求乐趣的精神，以及敏锐的审美力。

我针对这几项分别举几个例子。首先，异常的好奇心。物理学家汉斯·贝特（Hans Bethe，1902—2005）五岁时同妈妈一块散步时对妈妈说："一个 0 在数字的末尾表示很多，但它在一个数字的开头就没有任何意义，这是不是很奇怪？"[②] 我五

---

① Alice Calaprice, ed., *The Ultimate Quotable Einstein* (Princeton, NJ: Princeton University Press, 2011), 26.

② Jeremy Bernstein, "Profiles: Masters of the Trade 1: Hans Albrecht Bethey," *The New Yorker* (December 3, 1979), 52.

岁时，可以按照规则做一些简单的加法，即使是一头聪明的黑猩猩也可以做到。然而，我和黑猩猩都没能发现 0 的位置值得让人思考。我们的好奇心还没有达到那个水平。

第二，简单。从性情上来讲，我欣赏人类工作的复杂性和丰富性。例如，我喜欢光鲜华丽的教堂服务。显然，伽利略不是这样。被迫去教堂时，他忽略了所有的仪式和场面，只是为了关注链条上摇曳的神灯。他思考着作用在灯上的各种力，并判定其运动取决于链条的长度和地球的重力。他用数学公式表达出这种关系，这个公式，在当时及随后的几个世纪，给学物理的学生带来了许多乐趣。在实用层面上，伽利略的公式使计时精确的时钟成为可能。

第三，寻求乐趣的精神，游戏中的乐趣。孩童时，这两样我都缺乏。我知道孩子们最喜欢的是制定规则，在符合逻辑并系统地按规则去做的情况下，看看会发生什么结果。数学和科学领域的一些伟大发现就是这种游戏的结果。以乔瓦尼·吉罗拉莫·萨切里（Giovanni Girolamo Sacchari，1667—1733）为例。1733 年，针对欧几里得的平行公理，作为智力游戏，他提出"荒谬"公理，即通过既定的一个点，可以划出两条与已知直线平行的直线。以此为开端，他建构了一门自洽的非欧几里得几何学，这正是萨切里所关心的。他根本没有意识到自己有了一个伟大的发现，这个发现成就了与欧几里得几何学形成鲜明对比的几何学体系，其中包括黎曼几何学，爱因斯坦把它当成释放原子能的数学钥匙。[1]

第四，敏锐的审美力。对许多人来说，现代艺术界的一个怪念头就是弱化"美"这个词。在夸赞别人的时候并不常用。对于大部分艺术家来讲，"美"开始意味或代表着乏味与琐碎，最受欢迎的赞词是"强有力的"，甚至是"丑陋但强有力的"。[2] 尽管遭到如此多艺术家的摒弃，"美"这个词现在已经被科学家们坚定地接受了，这是他们最喜欢的赞词。看起来很令人吃惊吗？不应该。科学家寻求的是什么？他们寻求的是混乱自然中的一丝和谐。很显然，他们发现的和谐越简单、越高雅，他们就越开心、越可能称其为"美"。一个不成功的理论会带来麻烦，可能充斥着任意参数，这些参数会引发大自然的混乱。这样的理论，不言而喻，不仅无用而且丑陋。

然而，美本身是空的，像一个泡沫，除非它呈现真理。从毕达哥拉斯（Pythagoras，约公元前580—前490）到伯特兰·罗素的科学思想家就相信这一点。令他们困惑不解的是，像数学方程式般抽象和高雅的东西，竟可以精确地表达看似混乱的物质世界中的规律（法则）。最近一位承认自己困惑不解的科学家是诺贝尔物理学奖得主苏布拉马尼扬·钱德拉塞卡

---

[1] Lynne White, Jr., *Machine Ex Deo* (Cambridge, MA: The MIT Press, 1968), 17.

[2] On the relationship between "beauty" and "form", see Robert Adams, *Beauty in Photography: Essays in Defense of Traditional Values* (New York: Aperture, 1981), especially, 21 - 36.

(Subrahmanyan Chandrasekhar，1910—1995）。他写道："在我长达四十五年多的科学生涯中，最为震惊的体验是新西兰科学家罗伊·克尔（Roy Kerr）对爱因斯坦广义相对论方程的准确解答，为宇宙中数不清的黑洞提供了绝对精准的表示方法。这一'在美面前的震撼'、令人无法相信的事实——在数学中探索美时所激发的发现应在自然界中找到其精确的复本，说服我承认美是人类内心最深处最深刻的回应。"[①]

"必然的"和"精确的"这两个词在科学领域有赞美之意。那么在艺术领域呢？并没有统一要求艺术是现实的真实再现，而且在艺术领域幻想是被允许的，甚至是受到鼓励的，因此，这些词似乎不适用。然而，奇怪的是，正是在音乐这一最抽象和最富于幻想的艺术领域，它们似乎并非不适用。聆听巴赫的《大提琴第六组曲》（*Suite No. 6* for cello，1723）、莫扎特的《D小调圣体颂》（*Ave verum corpus in D minor*，1791），或是那个时代任何一部卓越的作品时，人们会感到它们具有巨大的权威，这是必然之物所具有的权威，是超越人类智慧和意志所左右的事物所具有的权威。然而，如果要求一个人聆听并不特别喜欢的音乐，会导致人因为技术上的巧妙甚至创新而不予理睬，这种创新是故意为之的不同，而非从天堂的音乐盒中发

[①] Subrahmanyan Chandrasekhar, *Beauty and Truth: Aesthetics and Motivations in Science* (Chicago: University of Chicago Press, 1987), 54.

掘出宝藏层面的创新。但是，这种以必然和准确（准确在于没有一个音符多余或缺失）为标准对高水平音乐的反应，只能是一种幻想。从贝多芬对《降 B 大调第十三弦乐四重奏》作品130 (*String quartet in B flat*，*opus 130*，1825) 的处理中就能清楚地看出这一点。作品以难度非常大的、不和谐的赋格曲最后章节大赋格曲结束。当批评者质疑时，贝多芬态度友善，介于海顿和舒伯特的风格之间进行修改。想象一个物理学家是这样改变其数学证明理论的。

现在让我们来看看被称之为小说的艺术形式和小说家。首先，请注意，根据孩子们在数学方面或是讲故事方面的天赋，我们如何以不同的方式对待他们。 0 的位置，不管在数字之前还是之后，都非常关键，孩子对这一现象感到好奇，展现了他们在数学和物理上的真正天赋，在我们看米，这很重要。我们说，这种异想天开的想法，是好的而且应该受到鼓励。然而，当孩子与想象中的朋友交谈，或给自己讲述难以置信的故事时，我们的反应就不那么赞成了。我们充其量只是微笑一下，告诉他要超越这个阶段，回到现实。为什么会有这种差别呢？我想答案是，一种情况，想象和幻想最终会回归到客观现实；另一种情况，它们会回归到哪里？是小说创作这个职业？即使是小说创作中的某一成功职业，也会因为仅仅生产娱乐而不被关注，除非它提供给我们真相——有关我们是谁以及我们生活世界的真相。

现实主义小说声称做到了这些。人物可能都是幻想出来的，但他们貌似真实地存在，如同他们生活的真实世界。那么，那些纯属幻想的、远离日常生活的作品，如神话、童话故事和科幻小说会是什么情况呢？好的作品从几个方面吸引我们的注意力。一个就是娱乐，为什么不呢？无疑，从充满挑战和乏味的日常生活中暂时解脱出来小憩一下是允许的。更严肃地讲，幻想应该得到我们的尊重，因为它们有自己的内在逻辑，这个逻辑，由于幻想出来的魔杖和喷火龙的场景挑战信仰，必须更加严谨。在这个意义上，幻想就像数学定理，因其内在的一致性和美丽而受重视。此外，与纯数学一样，抽象图案的编织可以揭示物理性质，揭示迄今未知的方面。因此，幻想，或许凭借其简单性，可以揭示人生中的黑暗之谷和光明之巅，也就是说，让我们看看天堂和地狱。最后，幻想在我们的道德生活中扮演着重要的角色：它们可以改变我们的态度和行为，哪怕只是一点点。①

现实，幻想与道德

有关幻想的最后论断有点令人惊讶，我来详细说明一下。

---

① J. R. R. Tolkien, "On Fairy-Stories," in C. S. Lewis, ed., *Essays Presented to Charles Williams* (Grand Rapids, MI: Eerdmans, 1966), 38–89, and Ann Swinfen, *In Defence of Fantasy* (London, UK: Routledge & Kegan Paul, 1984).

相对的其他类型，如哲学、历史、新闻，充斥了过多的理念和事实，诉说着人类存在的困境，并提供善恶的微妙画面，但是它们并没有也不打算让我们成为更好的人。相比而言，现实主义小说更有可能产生这样的效果，甚至在违背作者意图的情况下。能做到这一点，有两个原因：其一，它揭示了人的内在情感和思想，而这两者正是道德衡量的基础；其二，它关注平凡——平凡的世界，我们大多数生活其中的世界。这两项优势在小说中很常见，在哲学、历史和新闻中却很少见。

细想一下俄国作家列夫·托尔斯泰（Leo Tolstoy，1828—1910）的长篇小说《安娜·卡列尼娜》（*Anna Karenina*，1877）。其中有一个著名的场景：安娜在去圣彼得堡的火车上，思念着七岁的儿子。她迫不及待地想见到他。但是，当他们终于见面时，她却被一种短暂的失望感所惊呆。不知怎么，男孩根本不是她想象的那样。现在，尽管这种感觉并不少见，但托尔斯泰的提醒让我们有些局促不安，或许因为它促使我们承认即使最亲密的关系也存在着不确定性。我们可以从中学习，变得更善解人意，但我们很难指望最终能变成一个更好的人。托尔斯泰也擅长对平凡的书写，他甚至可以使最常见的事件看起来举足轻重。一个例子是娜塔莎在《战争与和平》（*War and Peace*，1869）结尾时兴奋地炫耀孩子用过的尿布。这个画面或许植入了一堂有用的道德课，那就是，我们注重生活的根本——平凡，即使这与巨大而恐怖的战争背景格格不入。

托尔斯泰晚年时曾贬低自己的两部长篇小说。世人眼中的杰作，在他看来仅仅是富人手中消磨时间的娱乐方式。它们在场面和浮夸上，使托尔斯泰想起了年少时看过的现在却不喜欢的场面宏大的歌剧。他喜欢自己的短篇小说和寓言故事，这些作品可以为受过点教育的人阅读和理解并内含明确的道德信息。因此，我回归到之前给出的观点——寓言和童话故事不仅能影响人们的观点和行为，而且比复杂的历史故事、哲学故事以及现实主义小说更具影响力。

我想知道，托尔斯泰如何看待陀思妥耶夫斯基（Fyodor Dostoevsky，1821—1881）的《卡拉马佐夫兄弟》（*The Brothers Karamazov*，1880）一书里"宗教大法官"这一章？我们知道，托尔斯泰并不完全赞同陀思妥耶夫斯基的作品及作品中隐含的宗教体系，但是他会赞同以寓言故事呈现的这一特定章节吗？这则寓言故事讲述了西班牙宗教法庭鼎盛时期耶稣重返地球的故事。宗教大法官把耶稣关入监狱，因为耶稣威胁说要取消官方教会提供给人的"奇迹、神秘和权威"。这些都是人们需要的，宗教大法官解释到，并不是只有少数精神健将才能去追求的基督教理想状态。平凡的男男女女应该去尝试，否则就只能以幻灭和痛苦了结此生。宗教大法官杀了很多人，因为那些人威胁到他追寻的和平，而这份和平正是他想带给世界的。宗教大法官也可以置耶稣于死地，但是他没有这样做。相反，他警告耶稣永远不许回来，让他一走了之。面对宗教大法官的慷慨陈词，耶稣自始至终没说一个字，即使在监狱之门打开时也保持了沉默。耶稣的最后一个动作——事实上也是在短暂的重返地球期间唯一真实的动作——是在法官"苍白的九十岁的双唇上"植下一吻。①

寓言故事是最难忘的。在记忆中存留的不是任何的道德说教，而是两种对比鲜明的个性：沉默寡言的耶稣与口才非凡的大法官；单纯的吻与制度化权力的体现；世上少有的善良与泯灭至善之人。这则寓言故事的读者会认同这两种人格中的一种。无论他们选择哪一种，都揭示出自身道德立场上根深蒂固的倾向。如此生动地揭示出这种道德立场，可能会以两种方式影响读者：强化，或者，若有可能，改变其立场。

世上最具影响力的故事是对那些天赐神能之人的讲述，如释迦牟尼、观音菩萨（以慈悲为怀的神明）、耶稣基督、亚西西的圣方济各。奇迹贯穿于这些故事之中，使其成为寓言，而不是传记。迄今，它们经久不衰的吸引力不容置疑，解释着深藏于我们本性之中的某种东西。但是，它到底是什么呢？我们可以毫不费力地说出食物、住所和性等基本生理需求，以及关心、尊重和爱等基本社会需求。还会有一种精神上的需求吗？这种需求甚至超越了爱，人们容易想到美、善或是神这样的

---

① Fyodor Dostoevsky, *The Brothers Karamazov* (New York: Vintage Books, 1991; originally published as a serial in 1880 by *The Russian Messenger*), 246 - 64.

词。缺少食物、住所和性爱，我们死路一条。缺少关心、尊重和爱，我们勉强生存。那缺少某些故事和寓言中设想的发自内心且永不满足的对善的精神向往呢？在充分的社会认同和自我满足的情况下，我们可以生存，并且确实可以生活得很好，可能在以下可怕的时刻除外：突然感觉到空气中的寒意，内心生发压抑感，甚至是随意走在马路上跌跌撞撞，引发我们联想到人行道下的无底深渊。

寓言故事甚至是童话故事，都不是纯粹的幻想，因为它们由语言组成，而语言又不免提示着真实生活中的事与物。不含指示的音乐与单纯的幻想最为接近。那么音乐能像我所认为的寓言故事那样起到道德教化的作用吗？希腊人谈到了天体音乐的和谐，其中暗示天堂的和谐可以延续到人类的领域。古代中国也有类似的观点。① 然而，总的来说，道德哲学家忽视音乐，或者从道义上看音乐是负面的，认为它是一种情感上的放纵，一种对理性的威胁。哲学家威廉·詹姆斯（William James）强烈要求人在看完歌剧后去做点好事，就算是扶老妇人过马路也可以，否则人们将面临道德下滑的危险。② 爱丽丝·默多克（Iris Murdoch，1919—1999）在有关美德的精细研

---

① Yuhwen Wang, "The Ethical Power of Music: Ancient Greek and Chinese Thoughts," *Journal of Aesthetic Education*, Vol. 38, NO. 1 (2004)， 89－104.

② William James, *The Principles of Psychology*, Vol 1 (New York: Dover, 1950) ，125－26.

究里甚至都没有提及音乐。她的兴趣完全集中在语言上，认为唯有语言达到那种专一的程度，具备那种关注细节的力量，是美德的标志。①

我不确定我的立场。贝多芬的音乐激发了我的肾上腺素，给了我勇气。虽然如此，如果我不付诸行动，那也只是一种感觉。约翰内斯·勃拉姆斯（Johannes Brahms，1833—1897）的音乐让我感到忧郁，这种情绪可能会让我更有同情心，但我担心，这只是暂时的。某些作品令我产生一种幸福感，如费利克斯·门德尔松（Felix Mendelssohn，1809—1847）创作的第四号交响曲，亦被称为《意大利交响曲》（*The Italian Symphony*，1833）。幸福是什么？我认为它不仅仅是一种感觉，它是一种能感染周围人的道德状态，与灵魂中有音乐的人在一起会很开心。

我提一下纯音乐——器乐。配有歌词的音乐能给我强烈的道德感。当聆听约翰·塞巴斯蒂安·巴赫的《B小调弥撒曲》（*Mass in B Minor*，1749）和本杰明·布里顿（Benjamin Britten，1913—1976）的《战争安魂曲》（*War Requiem*，1961）时，我绝不会问："文学和音乐哪一种有更高的道德提升作用？"两者是不可分割的，单独的语言缺乏内部冲击力，单独的音乐有可能

---

① Iris Murdoch, "Salvation By Words," in *Existentialists and Mystics* (New York: Allen Lane/Penguin Press, 1997)，235 - 42.

引发一种昏昏沉沉的情绪。现在，我加入一些个人见解。我之前就提过，与其著名的小说相比，列夫·托尔斯泰更看重自己所写的简单故事和寓言故事。我相信，他考虑到了简单故事和寓言故事的道德影响力。这个想法是在我听音乐时迸发的。我为古典音乐的杰作而着迷，但当谈及道德影响时，《寂静的灵魂》（*Be Still My Soul*）和《当我看那奇异十架》（*When I Survey the Wondrous Cross*）之类的圣歌，更有可能让我渴望成为一个更好的人。①

大自然的美景，人类创造的奇迹，人类善良的典范行为，我们似乎都学得很少。我们继续接纳我们本性的缺陷（罪恶），继续伤害同类，伤害神创造的一切。我们到底怎么了？换一种问法："尽管我们的感官和心灵都很敏锐，我们仍然经常处于一种麻木的状态，视而不见，听而不闻，这到底是怎么了？

当然，也一直有例外——那些让人性保持在一定道德警戒水平的个体。在第五部分，我将回归到一直没有真正离开过的个体身上，因为即使前景是共同体，个体也一直在背景中徘徊。

---

① "Be Still my Soul"：music by Jean Sibelius（1865－1957），from *Finlandia*（1899），and words by Katharina von Schlegel，1752；and "When I Survey the Wondrous Cross"：music anonymous but arranged by Edward Miller in 1790 and words by Isaac Watts，1707，after Galatians 6，14.

第五部分
个 体

第十四章　个体与群体：特性与统一

　　文艺复兴时期，人文主义者曾提出这样的问题："什么是人？"并给出了提升人的尊严的答案。宇宙及人类不再服从于等级制度这一中世纪的法则，人可以在自然与社会中寻找自我。文艺复兴时期人文主义的一项成就是逐渐提升了个体的价值。但是之后以"社会科学"著称的反向运动，却轻个体而重群体。重视地方与群落的人文地理，可能被视为这场运动的一部分。这门学科涉及人，但几乎没有个体的名字。在"人文主义地理"的表述中，我把"人文"和"地理"并列，以此强调它们相互支撑却紧张甚至敌对的关系。

　　地理学家、社会科学家和社会生物学家或许都会问"为什么是个体"的问题。在他们看来，群体理所当然是重要的，因为共同体毕竟是生存与遗传物质传递的单位。但是，为什么只有个人在某些方面不凡时才会得到关注呢？"不凡"这个词本身就会让一些人不安，因为它会让人想起其反义词——"平凡"与"普通"，从而引发人是不平等的可怕想法。然而，由于不平等因天赋、能力和环境的不同而不同，因此又分为很多种。社会经济的不平等是可以容忍的，我们可以努力减轻甚至消除。天赋异禀、命运无常是我们无法掌控与纠正的。因此，这可能令人深感不安。我们中有一些人对生活的不公感到失望，以至于被迫接受来世的观点，并非脆弱的肉体渴望生存，而是内心深处精神的需求，即存在终极的补偿与公平。

关于来世的某种形式的信仰司空见惯。我们的始祖在丧葬习俗上体现了对肉体复活的希望，世界上所有主流宗教都同意生命在呼吸停止后仍然继续的观点，基督教在耶稣复活和最后的审判中的教义也这样明确过。这种信仰是我们与生俱来的吗？[①]

我这样问是因为，即使当代的世俗论者和无神论者都不能完全摆脱这种信念。他们似乎相信，死亡时，灵魂会因床垫下的色情杂志而略显尴尬，或看到他们的诗作获得应有的称赞。人们或许希望现代科学消除永生的观念，但至今仍未完全实现。的确，它能燃起新的希望，就像亚欧大陆的苏联，这令人感到吃惊，因为若指望国家消除永生的观念，那便是苏联了。然而由于两种原因，出现了类似推动的力量。一种是基督教世界观在苏联作家和艺术家作品中的持久影响，这种影响非常强大，即使像高尔基（Maxim Gorky，1868—1936）这样的作家也

---

① Hans Kung, *Eternal Life? Life After Death as a Medical*, *Philosophical*, *and Theological Problem* (Garden City, NY: Doubleday, 1984).

无法完全摆脱。另一种是马克思主义思想家倾向赋予科学无限的力量。在苏联的正统学说中，科学是征服自然的历程。自然置于人类道路上一个接一个的限制已被消除。成功的逻辑使得马克思主义者不承认自然界最终的"无"（死亡）是不可逾越的。①

　　永生在历史上被视为社会阶级的属性。精英们可以追求，普通人则不能。普通人在今生从未引人注目，预计死后也会归于尘土。所有文明都认为这样的信仰理所当然，包括西方文明。以古希腊为例，它有大量的显著特征。其一就是鼓励精英出于个人信仰即作为个体行事；另一个与初期的个人主义有关，认为比起其他人，古希腊人不仅区分私人生活和公共生活，而且使公私生活有了道德氛围，尽管前者的生活舒适高贵，却被视为不合格的公民（注意，希腊单词 idios——我们所说的 idiot——意味着"私人"）。为了证明他们的勇气，公民不得不在城市（城邦＝政治＝社会）中展示自己，同时为了共同的利益，吸引同伴参与演讲和行动。

　　在农场、宅基地等私人领域生活不需要勇气，因为在那里的生活是为了生存和物质富足。在公共领域的生活偶尔需要勇气。在论坛甚至集市上的演讲，当被取信时，可能冒犯一个强

---

① Irene Masing-Delic, *Abolishing Death: A Salvation Myth of Russian Twentieth-Century Literature* (Stanford, CA: Stanford University Press, 1992).

大的对手。一个人会发现自己被排斥、放逐，甚至被处死。另一方面，如果他的演讲——他的行为——被记录，可能会因世俗的审判而获得不朽的名声。同样的现象也可能发生在英勇的战士身上。他或许惨死沙场，或许被敌人或神灵之怒击垮，但若这一行为被记录下来，他可能芳名永存。

即使私人领域满足了生活的必需和安逸舒适，它也无法脱离那些痛苦的经验。相反，众神可以像在公共领域一样，轻易行使他们的意愿。而且，在私人住宅的狭小空间和黑暗角落中，人类激情可能爆发得更加激烈。意识到这种事被遗忘的不公是因为缺少记录者，希腊人想出一个办法：创造了一种叫做悲剧的艺术形式。悲剧有两个作用。作为戏剧，它帮助了解悲惨的人宣泄情绪；作为表演，它给私人的恐惧——卧室的激情——可见与永恒的尊严。①

平凡的人会怎样？精英在其自身意识中很少将这些人视为个体。当然，他们可以对环境做出反应甚至是强烈的反应，但人们不相信他们有初始行动的能力。无法真正的行动，更不用说高姿态了，事实上他们也没有灾难性的失败和悲剧。在历史上，下层社会的人是无足轻重的。如果他们有生活的目标，那也是尽可能不声张地处理日常琐事。怎样才不会这么忙碌呢？

---

① Hannah Arendt, *The Human Condition* (Garden City, NY: Doubleday/ Anchor, 1959), 155 - 223.

那他们可能要给上司提供喜剧的调剂，这归功于他们别样的面孔和笨拙的行为。

莎士比亚的悲剧体现了这一态度。在《罗密欧与朱丽叶》（*Romeo and Juliet*）中，男女主人公都属于上层资产阶级。一个人至少是上层阶级的一员时，才会具有悲剧的庄严。事实上，莎士比亚笔下悲剧人物的社会阶层很少低于贵族。无权之人——如朱丽叶的保姆——是一个小丑形象。而且文学、艺术领域的这种状况一直延续到 19 世纪。甚至在 19 世纪末期，《潘趣》（*Punch*）中的漫画家几乎将失态和其他笨拙行为等同于贫困和下层民众的行为。然而，他们仍有不朽的灵魂，且必须被接受，因为这是官方教会的教义。但是权力强大的人从来不会把这些教义记在心中，因为他们习惯性地把熙熙攘攘的平民看成缺少人格与个性的人，而这正是拥有不朽灵魂的基本条件。①

《圣经》中的群体与个体

无论我们着眼于永生还是个性，西方人总是纠结于道德的矛盾：一方面，人民无足轻重；另一方面，他们又很重要，每

---

① Helen Gardner, *Religion and Literature* (Oxford, UK: Oxford University Press, 1971).

个人都是独一无二且无法替代的。这种冲突在《圣经》中展现得淋漓尽致。神异常冷漠地消灭惹怒他的人——男人、女人、孩子——让路于那些感谢其帮助的人。用最严厉的方式，甚至是死刑来对待外来者，很常见。用随便的态度对待自己群体的成员却非常罕见。是这样么？《圣经·约伯记》（*The Book of Job*）引发了很多评论，且大部分评论直指约伯的不公平遭遇。有一点被人们忽略了，即神通过剥夺他的孩子来考验他。但约伯的孩子不是敌对的局外人，他们属于群体而且没有做错任何事，那为什么要杀他们？没有人提出这个问题，更不用说给出答案了。当神发现约伯仍然忠诚时，便仁慈地嘉奖了他，用另一批如烤箱中新鲜出炉的（像原来那样的）孩子，替代了他死去的后代。这个故事表现了孩子们并没有被视为个体，每一个都是神圣艺术的作品，他们像牲畜一样可以被取代。

在《圣经》阿摩司的故事中，也出现了关于人类个体价值完全不同的观念。阿摩司是一个无名小卒，只是住在耶稣降生地伯利恒几英里外的一个牧羊人。然而，他被神选中来告诉盲目崇拜的以色列人一个事实：为神服务意味着秉公办事，而不是献祭或冗长的祈祷。后者非常容易做到，是遵循常规程序的问题，但前者意味着承认天生正直和公平之美的内在存在。谁拥有内在自我？在阿摩司（生活于公元前 8 世纪）之前，人们认为神只在重要的人体内创造了内在的自我（拥有"精神"或"灵魂"的自我），如先知、教士和国王。真正的先知——阿摩司、耶利米（《圣经》中的人物）和以西结（希伯来先知），他们的激进主义想把"内在"推及所有人。一个人可以靠自身的力量成为国王、先知或教士。[①]

若每个人都可以实现伟大，那每个人也可以沦为卑劣。一个开明的国王可以沦为昏君，他谋求个人的荣耀，而不是共同的利益；一个伟大的先知也可能是虚伪的，以部分真相愚弄其追随者。而且，每一个都是头衔，都是官职，或者说每一个都完全植根于社会环境之中，其本身可能是腐败堕落的。鉴于我们内在的灵魂，鉴于我们都有内在的（更高尚的、庄严的）自我，我们应该朝着比伟大更有价值的目标努力，伟大往往是过度放纵的野心。更有价值的目标是善良或美德。

东方宗教与基督教

然而，努力意味着欲望。在西方，只要其对象是美德（古希腊）和神（基督教国家），那么强烈的欲望则被视为积极的。东方思想则较为矛盾。佛教的著名教义就是——欲望是一切幻想及痛苦的根源。由此欲望也被视为所有恶的根源。为了逃避幻想与苦难，人必须无欲无求——这是一个漫长而艰难的过程，可能需要历经生命的多次轮回才可实现。当一个人成功后，会进

---

① Thomas Cahill, *The Gifts of the Jews* (New York: Anchor Books, 1998).

入怎么样的状态呢？答案是涅槃。在涅槃中，人不再有欲求；事实上，人已经不再是"一个人"，而是一个受限的自我。①

佛教的涅槃是以印度教这一更为古老的信仰系统为基础的。如印度古代哲学典籍《奥义书》（*Upanishads*，公元前 800—前 400）所表述的，印度教教导个人有一个核心——灵魂，这是婆罗门或神与人类的关联物。即使个体的核心存有灵魂，人仍生活在幻想状态。一个人死后，便只剩下灵魂，灵魂重入婆罗门。印度教和佛教共有的形象是奔流入海的河流。

西方以柏拉图的方式继承了这种思想，他的形而上学论被认为受到了印度教思想的影响。② 然而，柏拉图使用了一种不同的形象。他说，我们所生活的通过感官感觉到的世界是扭曲的。真实中还包括永恒的形式或理念，这是无法感觉到的。柏拉图也给了我们"洞穴"的形象：当炙热的太阳高照时，居住在洞穴里的我们，只会看到事物的阴影。基督教发现，柏拉图的思想与基督教思想家产生了共鸣，他们都认为，这是一个堕落的世界，居于其中的人类被虚荣和妄想奴役。神，更加确切地说是神性，是一种完全不同的东西，如形式和理念一般是抽象的，不像太阳可以直接被肉眼所看到。对于早期且极具影响

---

① Nirvana：from the Sanskrit root va ＝ "blow out" or being "blown away" "extinguished" into a state of endless repose, without desire, consciousness, or suffering.

② F. M. Cornford, *Principium Sapientiae*：*A Study of the Origins of Greek Philosophical Thought* (New York：Harper Torchbooks，1965)，98‐99.

力的基督教徒、柏拉图学派的圣·奥古斯丁（St. Augustine，354—430）来说，只有神是一成不变的真实，其余的（个别）都是可变且转瞬即逝的。然而，不同于柏拉图，圣·奥古斯丁发现他困扰于这一类个别——他的朋友。另一重要的区别是圣·奥古斯丁的神可以祈祷。我刚刚描述的观点仍广泛存在。柏拉图主义在当代数学思想家中依旧盛行，其中的杰出代表有卢卡西维茨（Jan Lukasiewicz，1878—1958）和罗杰·彭西罗斯（Roger Penrose，生于1931年）。然而，他们的神是无法祈祷的。西蒙娜·薇依的神却可以祈祷，她的思想是柏拉图主义、印度教和基督教思想的至纯精华。

亚里士多德是西方早期哲学中另一极具影响力的人物。他的观点与柏拉图的分庭抗礼。对他而言，实体的个别才是真实的：这匹马和这张桌子，而不是马的理念和桌子的理念。基督教发现亚里士多德也有怜悯之心，因为一些基督教观点对于神是造物主喋喋不休，并把万物的多样性及丰富性视为神之光辉的增加。托马斯·阿奎那（Thomas Aquinas，1225—1274）是基督教神学史上最重要的亚里士多德学派学者。他认为事物因其缺陷才得以真正存在和真实，而这种真实性超过了任何思想或梦想。他发现事物的真实存在之中有神之创造力的迹象。[1] 当

---

[1] Carl Levenson and Jonathan Westphal, *Reality* (Indianapolis, IN: Hackett Publishing, 1994).

代的 C.S. 刘易斯是一个知名的亚里士多德学派门徒，他看到创造物的疣和水泡，但仍选择提醒我们其中基本的光辉和善良。他在其学术作品和基督教学中就做到了这一点，或许他的七卷本《纳尼亚传奇》（Narnian Chronicles，1949—1954）最为有效，是适合年轻人和老年人阅读的寓言。

我秉持的观点是什么？鉴于自身的西方教育背景，我接受了柏拉图、亚里士多德及其精英后继者的思想，即使他们处于相反的阵营，我的这种做法也不足为奇。更确切地说，我既接受了柏拉图与《奥义书》的思想，又接受了亚里士多德和类似托马斯·阿奎那的基督教思想家的观点。我不仅渴望形而上学地思考，也想在满是个别的世界中活出自我。接下来，我将摒弃第一条路——一直以来都是与人文主义相违背的危险之路，而选择后者，它强调个人及其潜能，是人文主义的核心。

想象天堂

在亚里士多德看来，现实包含了个别的事物——"鞋子、船只、封蜡、卷心菜和国王"，正如英国作家刘易斯·卡罗尔写的这般。[①] 病痛或精神低迷，这类个别将使现实失去活力和

[①] "The Walrus and the Carpenter," *Lewis Carroll: The Complete Illustrated Works*, Edward Guiliano, ed. (New York: Gramercy Books, 1995), 117.

清晰的轮廓。如果我们惧怕死亡，那是因为我们依附于那些个别——尤其是我们心爱的人，并且害怕被遗忘、没入等待我们的无尽单调之中。对于遗忘，还有另一种选择——各种宗教，尤其是基督教和伊斯兰教，都在另一端上假定天堂的存在。而天堂是什么样子却从未被成功地描述。它通常是对现实生活中美好地方的苍白模仿——一个更快乐的猎场，房子街道设施完善的村庄或城镇，一个完美的花园，一道静谧的山谷。西方的想象力已经发挥到了极致。这两种最流行的想象是圣人合唱赞美神的如画景象，其灵感来自《圣经·启示录》（*The Book of Revelation*）中描述的宝石遍地的天国。

为什么地狱能被如此轻易地构想出来？它是只有经历永恒痛苦与不幸，才能感到真实的折磨之地吗？又或者，它是一个非特定的极乐之地（更像是光流、颜色和音乐一般）吗，如果不是显得乏味和世俗的话？当我们努力描绘物质富足的天堂时，将其视为极乐之地，理论上会使我们太过于接近超自然的佛教的终极存在状态。这可能吗？

一个解决方案，据我看来，仅此一个，便是间接地应对挑战：不要试图描绘天堂，而是去书写一个比我们所知更真实可靠的可能之地。我给出了间接书写的两个例子。一个是 C. S. 刘易斯的寓言故事；另一个是我自己写的接近真实的故事，根据精神学家罗素·布雷恩（Russell Brain，1895—1966）爵士所述的一个故事改编而来。

刘易斯的寓言故事，开始时描写了旅客推挤上车的场景，车上座位充足，他们完全没必要如此急切。如果知道他们将要离开城镇去度假，也就难怪了。这是一个凄惨的地方：破败的房屋商店，永远笼罩在雨和薄雾之中。汽车爬上一个长而陡峭的斜坡，随着车子的爬高，潮湿、阴郁的气氛被甩在身后，只剩下更明亮干爽的空气。然而，在汽车到达悬崖边停下来之前，游客们并没有为这种改变而兴奋不已，相反，他们更多的是在抱怨哀诉。不久他们抵达了目的地。有位乘客——唯一没有抱怨的旅客——望着窗外的景象：绿草丛生、树木点缀，沐浴在清晨的阳光之下。他看着他的同伴，惊奇地发现他们几乎是透明的，就像玻璃窗上的污点一样；他们下车踏上草坪，草都没有折腰，草叶上的露珠甚至都未被扰动。他推断，那草叶肯定像不锈钢一般极其坚硬，走在上面，人们会无比痛苦；并且，如果下雨，雨滴会像子弹一样穿透他。这个地方不适合他、其他游客同伴以及所有阴暗的生物，除非他们能更真实、更坚固。到那时，欢快大笑的人们，无论年岁长幼，都奔跑在草地上，赤脚踩平草叶，空气中弥漫着香草味。①

另一个故事发生在二战期间（World War II，1933—1945），英国的战舰秘密地沿挪威海岸行驶。为了不引起纳粹德国（Nazi Germany，1933—1945）所统治国家的注意，这艘军

---

① C. S. Lewis, *The Great Divorce* (New York: Touchstone Books, 1996).

舰只得在漆黑的夜里或浓雾中行驶。幸运的是，因为雷达刚刚问世，所以这可以实现。军舰上的雷达是和餐盘差不多大小的发亮屏幕。光亮和阴影在屏幕上交错出现，通过这个信息——也只有这个信息——领航员可以安全地驾船沿着错综复杂的海岸行驶。在甲板下待了几天后，几乎所有人都开始相信，屏幕上所有的闪光点都是真实存在的物体。之所以这样，是因为船正在安全航行，并且没有猛然撞在岛屿和海崖上。试想以下情况中船员们的惊讶：当他们在晴空之下，从船舱爬上甲板，看到几乎已经忘却的世界——蓬松白云点缀的无际蓝天，瀑布中的峡湾海岸，浪花拍打着的空气以及头顶低鸣的海鸥。船员们会觉得仿佛从漫长不安的睡梦中苏醒一般。①

这两个故事的可贵之处就在于使我们意识到，我们了解的现实为我们强大且广泛存在的感官提供了能量。但它们也会受到限制。例如，我们无法看到红外光。试想一下，若肉眼能看到，会是怎样的一番景象呢？如果我们的鼻子像狗鼻子一样灵敏又会怎样呢？那现实将变得极其与众不同，会变得愈发丰富精彩。再者，我们没有充分利用我们所拥有的感觉，而是被环境、文化及我们自身的愚昧——堕落的本性——所限制。

---

① Sir Russell Brain, *The Nature of Experience* (London, UK: Oxford University Press, 1959).

第十五章　我真实存在吗？我重要吗？

对于沉沦的造物（人）来说，地球像一片荒凉的城郊。在真正糟糕的时刻，它甚至像出现在雷达荧光屏上的东西一样受限、黯淡。沉沦的造物不过是阴影——这看法或许有些极端，但从主观和客观的角度而言并非毫无道理。

有时候，主观上我会感到不真实，内心空虚。我之所以用食物填满储藏室，用衣物装满衣柜，而后可能都不会打开一下，这便是原因之一。然而，物质的东西并不能充分支撑我的自我感知。我还需要他人的陪伴，孤身一人的考验使我感到前所未有的倦怠，我似乎失去了中心和目标。有一个可以交谈的人会令人安心，可这种安心也很脆弱。当他呆滞无聊地看向我，当我看到他双眼满怀希望地扫过我去寻找别人时，这种安心消失了。我在他的视线内，却不一定在他心里。当我离开他的视线时呢？假如我离开一年或两年，我回来时，他给予我的微笑似乎不那么真诚，这是可以理解的，因为我的归来会使他重新调整既定的计划，给他带来不便。①

我用了第一人称单数。但我认为我们对于自身并非是完全真实的，我们需要他人来证明我们的存在。我们渴望得到他人的认可，厌恶他们的忽视和冷漠。正如我之前写到的，当我们面对权威时，很快便丢失自尊。对于人们的心理状态，主观上就说这么多。那么更客观更科学的观点呢？这不再让人心安。科学将人视为动物，认为人只在一些结构细节上有别于猿，而且在数量上也相形见绌。例如，科学认为，在四十亿年的生物演化过程中，产生了数以亿计的物种，其中 99.9% 都已灭绝。② 是的，人类只是其中的幸存者，但这很难证明我们的重要性。更有力的证据是：我们是出现于地球、太阳系甚至是银河系中最复杂的生物。因此，我们被视为重要的物种，但为什么要担心个人，甚至数千数万个体的命运呢？他们只是人口总数中微不足道的一部分，而且很快就会被取代。

不容置疑的事实是：即使我可能偶尔贬低自身的价值，甚至人类的价值，但我还是对人类抱有一种强烈的偏袒。我的存在也是依靠这种偏袒。人类通常将"我们"与"他们"加以区

---

① 当然，最终的"视线外"是死亡，一旦死去，就会举行追悼会，把遗忘清理干净。鬼故事的恐怖源于一种负罪感，因为一段时间后，活着的人并不真的想要逝者归来。See Yi-Fu Tuan, *Landscapes of Fear* (New York: Pantheon Books, 1979), 113 - 29.

② Francisco J. Ayala, in his review of Michael Ruse, "Monad to Man," *Science*, Vol. 275 (January 24, 1997), 495.

分，且习以为常地偏爱自己，以至于这似乎是印刻在人脑中的偏见。更令人意想不到的是，出现了这样的观点：某种基本人权延伸到人类共同体之外，不仅延伸至其他的共同体，还延伸至每个人类个体。[1] 这种观点虽然在"理性时代"以优雅清晰的形式提出，实际上却缺乏理性与科学的支撑。它拥有多样且深厚的根源，其中最重要的是伟大的世界宗教和哲学。它们有共同的信念，即人类有一内核，这一内核被称作自我、精神或灵魂等不同的名称。我们人类很相像，且因拥有此内核而应该得到尊重。

如何得知每个人内心都有这种精神或灵魂呢？的确，预言家阿摩司这样说过，古希腊哲学家苏格拉底和柏拉图，基督教教士还有很多当代道德家也都曾这样说过。即使有这些权威人士，该观点仍只赢得了权势者的支持。直到 18 世纪，态度才发生转变。这种转变是什么带来的？是因为绅士风度的发展以及随之而来的对他人感受的更多理解吗？是因为教育、阅读以及好奇心的传播吗？转变的原因之一可能是小说的日渐流行。小说首次产生于两百年前，最初并未探究下层人的内心生活，而传承者却倾向于对此探索。由于这种探索，广大读者——19世纪数量剧增——开始不只把他们的朋友并且把他们的仆人视

---

[1] Lynn Hunt, *Inventing Human Rights*：*A History*（New York：W.W. Norton, 2007）.

为复杂的人。这种看待问题的方式代表了道德的显著进步，但其被广泛接受需要时间。正如我之前所说，在 19 世纪的大部分时间里，印刷媒体与影院一直把"下层民众"描绘成肤浅、没有深度、卡通化的刻板形象。[①]

① Roger Chartier, *The Cultural Origins of the French Revolution* (Durham, NC: Duke University Press, 1991)，68 - 69.

第十六章　平等与不平等

　　拥有内在的生命与精神，赋予了人类高于其他动物的尊严，这并没有自发地使人类变好。恰恰相反，撒旦（Lucifer）也拥有精神，但其内在精神只会使他变得更坏，正如人类常常表现得比动物还要糟糕。内在精神被视为人类的普遍禀赋，它使人变得善良，或变得邪恶。像体力、智慧、美貌等特定天赋亦是如此：力量赋予人勇气，智慧使人看清隐匿的事实，美丽令人神采奕奕、为世界增添幸福快乐。但其负面影响也可能存在：力量诱发恃强凌弱，智慧使人恃才傲物，美丽让人徒有其表、华而不实。

　　尽管存在矛盾，力量、智慧、美貌仍是上天赐予人类的相当理想的天赋。那么问题来了："上天是如何分配这些天赋的？"天赋的分配不均显而易见：有些人生来就比别人强壮、聪慧、漂亮，这一点毋庸置疑。犹太教—基督教传统对于这些禀赋及其排名、分布的公平性很少提及，提及较多的禀赋是善良。善良胜过其他所有禀赋，只要善良不被歪曲或滥用，至少不是被有意歪曲或滥用，就不会与本身的理念背道而驰。善良也胜过美丽，因为相貌平平的人也可能是善良的，甚至是非常善良的。希伯来先知以赛亚（《圣经·旧约·以赛亚书》第53章第2节）首次提出了该观点："他在耶和华面前生长如嫩芽，像根出于干地。他无佳形美容，我们看见他的时候，也无美貌使我们羡慕他。"①

　　这意味着，在犹太教—基督教思想中，美丽并没有那么重要。古希腊人应该对此感到震惊，对于他们而言——即使是对于长相较丑的苏格拉底——美貌也至关重要。世界各国普遍认同希腊人的观点：社会科学家一次又一次地证明了美貌对于人生历程的重大影响。因此，是犹太教—基督教思想与常规不符，甚至在那里，超越美貌的善良的价值也从未受到过多重视：它从未成为讲道台上传播的正统教义。并且，从美貌到善良的价值转移并未解决不平等的问题。善良与其他天赋一样分布不均，这种特有的不均并没有动摇人们的道德意识。有两个原因：其一是好人极可能因为做好人而受苦；其二是善良的程度不重要，因为所有的判断标准都是完美。"所以你们要完全，像你们的天父完全一样。"（《圣经·新约·马太福音》第5章第48节）。据此标准，所有人都远远不够。

　　生物学上的不均显而易见。另一个不均的根源——地理，

---

① *The Holy Bible*：*Authorized or King James version containing the Old and New Testaments* (Philadelphia：Universal Book and Bible House, n. d.).

也常被我们所忽略。公元前一万年前，除极地冰川和高山地区，人类的足迹遍布地球各个角落。现在，人们可以自主选择居住地，对生活环境的选择是自然事件和生命事故共同作用的结果。环境不同，资源也会差距显著。冰原与沙漠，中纬度森林和热带岛屿，这是相对的两个极端。不管人们适应力多强，生活总是在此处艰辛，于它处舒适。那么，公平何在？对此，没有可信的答案；然而，如果我们认真对待人类的不平等问题，就不能武断地将生物和自然地理排除在外。

社会经济的不平等可能有所减少，我们也为此做出了一定努力，尤其在 20 世纪，社会公平问题成功唤醒了更多的良知。但这些努力并不是全身心的付出。自私和懒惰——人性不可根除的阴暗面是原因之一。原因之二，是负责财富再分配的复杂体系固有的无能及腐败。第三个原因可能是基督教本身。毕竟宗教承载着基督的警告："骆驼穿过针的眼，比财主进神的国还容易呢。"（《圣经·新约·马太福音》第 19 章第 24 节）。财富使人膨胀，令其不能通过天堂之门。这句话也可以这样理解：富人今生已获得一切恩惠，因此无权拥有来世。

两处文字都认为天国位于别处。然而福音书在这一点上却从未明确。有时，它们似乎在说神的国度便是天堂——一个有别于地球的地方；有时，它们似乎又认为，天堂就是我们所居住的地球，只是我们没有具备能看到它的慧眼。若天国——在某种意义上——本就是地球，是神的尘世的创造，若我们有一双慧眼，我们将看到什么？比如，所罗门的穿戴都无法媲美野百合的光辉（《圣经·新约·马太福音》第 6 章第 28—29 节）。当然，自然及人工制品中还存有诸多极具吸引力的尤物，值得我们去欣赏与拥有。鉴于每个人或多或少地拥有这些美好事物，必须得出这样一个结论：在这样的生活中，公平比我们意识到的要多。我们没有意识到这一点，原因是我们习惯性地将真实所有和法定所有混淆，将经济学和美学混淆。

真实所有与所有权

真实拥有世界所给予的一切，是人生命体验中不可或缺的一部分，它只在人能够体验时发生；也就是说，只发生在人能看、能感、能真实理解之时。尽管法定所有不排除以上意义上的拥有，仍减少了其可能性。原因在于许多商品的适当升值需要花费一定时间与精力，这正是富人无法或不愿意投入的，因此到最后，他们更容易满足纯粹的所有权。富人享受所拥有一切事物的能力，也受这一事实的制约——自己是生物。他们一日只食三餐，一次只睡一榻。即便是他们享受的生活品质与普通百姓区别也不是很大。例如，富人能吃光盛在塞夫勒盘子里的美食，但味道却不一定比传统陶器中的食物更好。躺在松软的枕头与洁净的床单上是富人的享受，但这种享受并不比工人瘫在上下铺床上要好多少，穷学生躺入爱人的臂弯也会获得同样程度的感官享受。园艺工辛勤劳作后的一杯冰水，富人满口鹌鹑肉时的一口红酒，无疑是同样的乐事。[①] 而且，据说孩子——即使是穷人家的孩子——也能凭借其坦率与自然生命力拥有大地。耶稣屡次提到天国属于孩子们，即使是在阴沉的天空下孩子们也依然蹦蹦跳跳的场景，使得我们可以去相信。我们成年人还未完全忘记这些快乐。即使拥有昂贵的房子和汽车，在去尼泊尔和马丘比丘旅行时，我们仍怀揣着失落感以及期待回顾童年时期的富足感。

人生体验需要时间和耐心。在财富积累的压力及财富量化的需求之下，富人强烈地感受到时间不足。一位投资大亨这样计算：因为他打一个小时电话就能为公司额外赚取十万美元，所以在美术馆花一个小时于他是荒谬的，尽管门票钱对他来说是九牛一毛。与之相比，买一幅几百万美元的画作，当成投资放在银行保险库里，与其财富更为相符。他不会去听交响乐，用崇高的音乐来充实自己的灵魂，他认为给自己掌管的艺术基金会寄一张巨额支票获取威信，会更理智。对于自然之美，他们花费更少，多花些时间便可游览欣赏。因此，我们的企业大亨待在木质办公室里，坐在盆栽旁的转椅上，写下另一张给自然保护区的巨额支票。

这种生活有几分英雄主义甚至神圣的意味。通过对比，一

---

① Lionel Trilling, *Beyond Culture* (New York: Harvest/HBJ Book, 1965), 56.

个资金短缺时间充裕的人却可以过自我放纵的生活。比如我，愿意花几个小时待在纽约现代艺术博物馆中，或花一晚上听古斯塔夫·马勒（Custav Mahler，1860—1910）冗长而醉人的第九交响曲管弦乐（1912），甚至花费一个周末攀上新墨西哥州中西部奥格玛部落（"天空之城"）高山之巅的古老殖民地。结果经济的不平等倒是对我有利了。[①]

不平等的寿命

人的寿命极其不平等：把世界作为一个整体，许多人英年早逝，相对地，少数人能长命百岁。一个人的寿命一部分取决于自身基因，同时也取决于社会经济状况，这一点不同于美丽与天赋。即使在今天，富人也比穷人寿命长，在过去这种差距更大。延长寿命，是我们能做也是非常想做的一件事。世界卫生组织的一项主要工程是延长发展中国家的人均寿命。但这样的寿命是一件不合格的商品吗？至少，生命质量不该跟生命长度同样重要吗？毕竟，多数生活充满压力，一个人必须试图用酒精、毒品及无聊消遣麻痹自己以求解脱。对于长寿的人来说，最后的场景——植物人般的存在："没有牙齿，没有眼

---

① Staffan B. Linder, *The Harried Leisure Class* (New York: Columbia University Press, 1970).

睛，没有味觉，什么都没有"，与其说是恩赐不如说是更加残酷且不同寻常的惩罚。

人们对待寿命与生命本身的态度不同。中国人与希腊人的观点截然相反。中国人崇尚长寿：长寿的形象（"寿"字）出现在许多家庭、商店和餐馆中。我能理解中国人对于长寿的渴望，这只是因为，在一两代人之前中国人的平均寿命太短了。古希腊人似乎渴望短寿，这更让我感到不解。其中，古希腊悲剧诗人索福克勒斯（Sophocles，公元前 496—前 406）曾说过中国圣人从未说过的一句话："最好的是不要出生，其次是英年早逝。"[1] 英年早逝？童年就逝去？对于我们现代人而言，这令人震惊、反常且不合常规。然而因为童年逝去太沉重，我们低估了这短暂生命的价值。最初的童年充满奇迹，这些奇迹在我们成年后很少再现，这一点值得我们注意。

什么奇迹？其一是世界上，风儿浅吟低唱，水流波光闪闪，羔羊奔跑雀跃，人类精巧手工——即使如顶端有橡皮的铅笔一般常见——它们也是心灵手巧、独具匠心的奇迹。其二是逝去的好奇心。即使我们最后成为沉闷的专业人员和政治家，最初我们都是生气勃勃的哲学家，以 "十万个为什么"连珠炮似的向父母提问。当母亲把花插入花瓶时，[2] 孩子会问："这

---

[1] Sophocles, *Oedipus at Colonus* (406 BCE), lines 1224 - 26.

[2] Gareth B. Matthew, *Philosophy and the Young Child* (Cambridge, MA: Harvard University Press, 1980), 7.

些花还活着吗?""它们是尸体吗?"

那智慧呢? 我们说"一个聪明的孩子",也说"聪明的傻子",用这个词来表明他们都讲真话。讲真话——或许我们更偏爱某种迟钝——孩子和傻瓜会自然讲真话,因为他们的思想更少受社会条件的制约。但"智慧"也意味着对生死的洞察。我曾以为这种洞悉是成人才拥有的。在读了迈拉·布鲁布朗德·兰纳关于垂死白血病患儿的书之后,我不太确定了。书里包含一些例子,讲述了孩子们在面对即将到来的死亡时,特有的成熟、思考甚至幽默。一个六岁的男孩从长长的午睡中醒来,看到两个实习医生站在床边,他笑着说:"我骗到你们啦,我没有死。"[1]

还有知识,成年人确实比孩子懂得多,但这有什么价值呢? 有时候,我认为成年人懂得的大部分知识都是糟粕,就像我们在垃圾箱中找到的东西一样——空啤酒罐、空酒瓶、旧电话簿、色情杂志、吃剩的披萨、用过的避孕用具、扭曲的晾衣架和弄脏的内衣。

---

[1] Myra Bluebond-Langner, *The Private Worlds of Dying Children* (Princeton, NJ: Princeton University Press, 1978), 191.

第十七章　再谈进步

尽管享有快乐，孩子始终不会了解发育成熟才有的体验——性爱快感，父母身份，伟大的艺术与文学以及宇宙奇观。即便如此，也不要一锤定音，因为不一定非要靠一点点积累体验才能使生命日渐丰富。相反，好的经历很可能代替别的体验：当我准备体验性爱的快感时，我便失去了友谊中孩子般的快乐；亲子关系是巨大的收获，但是以失去无限自由的单身状态为代价；欣赏艺术与文学作品的精妙之处，使我怀念哼曲调时的天真快乐与读冒险故事时的如饥似渴。此外，随着一个人长大，成功与欢乐必然伴随着生活的挫折，给人带来阴影，所以他们永不会真正达到童年闪耀的巅峰。

J. M. 巴里（J. M. Barrie）笔下的彼得·潘（Peter Pan, 1902）想做永远的男孩，他恐惧成熟时乏味的生活。他说得很有道理。爱德华时代的英国工人阶级家庭中，彼得的同龄人参加工作时都有固定身份，那时候他们可能只有七八岁。中层及中上层阶级家庭孩子的成熟时间有所延迟，但青少年通常在十几岁或二十岁出头时涉入某个职业，以此来确定自己的身份。而且他们在以后的职业生涯中会一直做这个工作。雄心壮志会带给人更高的工资和更高的职位以及更宽敞的房子，但知识分子的房子在他们进入大学或毕业时几乎都已建成，且大致相同。如果没有从学生时代的小公寓搬到成年时期的大套住宅中，他们会感到不自在，而整个成年时期他们却似乎舒适地居住在简陋组装的智能住宅中。人们想提升自己，想取得进步。出人意料的是，人们几乎只重视社会地位及物质富足，似乎只有这些而非思想精神素质才能决定他们的成就及他们的真实身份。

老年期是铁器时代，而非人寿保险公司所承诺的黄金时代。身体与思想都失去了原有的柔软与光泽。人可能伤感地认为：在暮年，抛下了雄心与斗志，人至少变得更温和了。不幸的是，即使这样的设想也太过美好。如果老年人在有些场合表现亲切，可能与他们良好的消化和睡眠有关，而非他们积累的智慧。如残疾人一般，他们攀爬甚至自己穿裤子都是英勇的斗争，老人——在长期的压力之下——变得更以自我为中心、易怒、顽固以及苛求。尽管如此，这些特点是可适应的，因为老年病学研究专家约翰·格里穆雷·埃文斯（John Grimely Evans）表示，老年人必须持续保持健康，对于他们来说，保持健康最简单的方法便是发脾气。①

文化和社会有进步吗？某种程度上，大多数人按时间顺序

---

① Georgina Ferry, "As Old as You Peel," *Oxford Today*, VOL 7, No. 1 (1994), 18.

考虑，他们认为，社会变化很少，或者社会有衰落的迹象，或者社会呈周期性变化。一些个人对预示进步的社会经济发展持有一定的见解。例如，古希腊哲学家色诺芬尼（Xenophanes，约公元前570—前475）曾说过众神不会从头解释一切，即人类必须通过自己的探索才能找到更好的事物。同样的古代中国也持有进步观。中国的孟子（Mencius，公元前371或372—前289）认识到商贸是一种新的财富来源。一般而言，孟子时期及之后的中国人在礼仪与文学艺术上有所进步。欧洲文艺复兴时期的人文主义确信人是向上的。他们确信他们的文化和社会优于中世纪其他国家，因为，他们不仅有更好的社交礼仪和更简洁的语言，而且还引入了绘画中的透视，音乐中的复调以及科技领域的无数创新。除了这些初期的例子，在18世纪——启蒙运动时期——进步思想真正被受教育者和富裕者广泛接受，直到19世纪末期，由于很多原因，出现了质疑并随着时间推移对社会的侵蚀变大，并在第一次世界大战（World War I，1914—1918）的恐怖中达到顶峰。

我适合什么地方？我出生于1930年，那时正值西方世界的悲观情绪蔓延初期。然而，尽管在孩提时代经历过世界大战，尽管在有关道德的问题上有所保留，我仍被进步观念所吸引。以下是我对进步与退步的个人观点。人的一世，只有亲属和邻居理应得到帮助，陌生人却不会受到如此待遇，因为指望不上陌生人回报自己。居于更为先进的社会中的人们似乎更具同情心，而这只是因为贸易往来需要同素未谋面之人友好交谈。随着贸易网络的不断扩大，友谊之网也在扩张。穿过人迹罕至、盗贼猖獗的公路会有风险。在古希腊可能出于这个原因，才虚构出众神之首宙斯，从而使那些离开城墙及当地神明庇佑的居民，依然处于某种形式的保护之下。[①] 无论如何，人们期待沿路人家与农场能展现好客之情。否则，会被看成是严重的道德缺失。

四种宗教——佛教、犹太教、基督教和伊斯兰教——都将善待陌生人定为道德戒律。后因众多因素的融合——长途贸易、道路安全、普遍富裕，尤其是以宗教为支撑的道德教育——使帮助有困难的陌生人并不图回报这种思想近乎成为准则。近乎成为准则? 在 20 世纪之前，至少在特定的情况下，它就是规范。例如，当世界任何地方发生自然灾害时，政府、非政府慈善机构，企业与个人都会及时做出反应。这种各方慷慨捐赠，在过去是难以置信的。汉朝时期（公元前206—公元220），中国北部遭遇周期性的地震灾害，成千上万人丧生。罗马会考虑经由丝绸之路给中国送些毯子吗? 即使能迅速做到，他们也绝不会! 古罗马人并未怀有恻隐之心。[②] 现代社会其他

---

① M. I. Finley, *The World of Odysseus* (Harmondsworth, Middlesex, UK: Penguin Books, 1979), 101 - 2.

② Yi-Fu Tuan, "Progress and Anxiety," in Robert Sack, ed., *Progress: Geographical Essays* (Baltimore, MD: The Johns Hopkins University Press, in association with the Center for American Places, 2002), 78 - 96.

进步的标志还包括以下种种：鄙夷残酷行为，尤其是对儿童及动物的戕害；不允许嘲弄身体有缺陷的人，也不允许把长相异常的人看做低人一等。

那么另一方面，构成退步的可悲附属物及损失又是怎么样的呢？一个不良的附属物是世俗，随着公认社会等级的衰退以及精神财富的缺失，对物质商品及更高社会经济地位的贪婪填补了我们内心的空虚。至于损失，则包括身体的勇气、忠诚、关爱、贞洁、骑士精神等美德。

当然，身体的勇气在今天的战场、人们对抗犯罪以及火灾等其他自然灾害中依然处处可见，但在普通群众中却不是那么常见。这种不常见无疑是一种坚定的生活态度。想想我们把药箱塞满药片，来预防各种病痛；出具的各种保险政策，于金钱方面资助我们对抗各种不幸。忠诚是封建社会的基础。而在当代资本主义社会，当我们为了更高的工资和一间经理办公室一次次跳槽时，忠诚听起来就很奇怪了。护理在资本主义社会也打了折扣，照顾病人曾是宗教般的神圣使命，现在却沦为提供者与顾客间的一种合同关系。贞洁是把自己作为赠予爱人的完整礼物的理想，以此来抵挡性的渴望。讽刺的是，以自我放纵取代贞洁会减少性爱自身的快感。当代的放纵派可能会嫉妒他们那些呆板的维多利亚时代的先辈们。接着是骑士精神。我发现这种丢失尤其让人悲伤。骑士精神与宗教信仰及浪漫紧密相连，为生活增添了色彩与生机，这正是当今社会所缺少的。中世纪时期，一名追求骑士身份的十二岁男仆，甘愿忍受漫长黑暗的守夜；在此期间，他发誓只为保护弱者而战。那种庄严的使命感，那种对男子气概的恪守，当代十二岁的电子游戏冠军是想象不到的。

然而，我们不曾遗忘过去的快乐与美德。就个人而言，正如我自己，享受成熟的性，却也没有忘记童年时咬下一口美味多汁热狗时的那种快乐。相反，我怀念简单却充满快乐的生活。社会可能大致也是这样。当代社会，即使有现今的价值观，陈旧的观念也不会被摒弃，注意：睿智的国王，美丽的王后在儿童读物及好莱坞电影中依旧流行；身着闪闪铠甲的骑士营救遇险的少女，这种荣誉感迅速超越了生命；主仆间的忠诚；超乎常人胆量的举动，甚至是贞洁；至少在 1945 年的电影《圣玛丽教堂的钟声》（*Bells of St. Mary's*，1945）中，都被英格丽·褒曼（Ingrid Bergman，1915—1982）和其修女同伴展现了出来。

第十八章 个体的命运：幻想

现在我要讲承载人类个体命运的基督教起源的幻想。为什么是基督教的幻想而非其他呢？我青睐基督教的幻想，只是因为小时候，我恰巧对基督教的幻想印象深刻。长大成人后，我研究了其他宗教，发现佛教最具慈悲心，尤其是它填补了基督教道德标准中的一大空白——缺乏对动物的关爱。然而，我不信仰佛教是因为佛教把人类个体视为假象，认为在某种意义上人类个体不存在。基督教的观点却与此完全相反，它把人类个体视为具体而特殊的存在，甚至在来世也具有特殊个体的命运。基督教教义的悖论是：强调无私和谦卑，认为现实存在中人类个体微不足道，但把我们提升到了仅比天使低一点的高度。

自信：宗教之源

仅比天使地位低一点吗？难道这不应给我们一定程度的自信吗？并且这绝不是《圣经》和基督教给我们的仅有安慰。人们更加认可另一个观点，即我们都是按照神的形象创造的。是的，但我只是众人中的一员，这让我感到了自己的微不足道。此时，寓言"迷途的羔羊"（《圣经·新约·路加福音》第15章第4—7节）会使我安心。在这则寓言中，牧羊人为了找到那只迷失的羊，丢下九十九只羊无人看护。而且，一条不太正式的基督教教义认为，每个人都是独立的神圣的造物。因此我便无法被忽略。低下的社会地位是沉重的负担吗？不会，因为耶稣明确表示，比起富贵权势之人，更喜欢那些被社会边缘化的、被剥夺公民权利的人。这是因为，在他眼中，那些劳苦大众更有可能找到极乐。最后，耶稣坦率地对他的信徒说："今后我不再称你们为仆人，因仆人不知道主人所做的事；我乃称你们为朋友；我听到的圣父的一切，都已经告知你们了。"（《圣经·新约·约翰福音》第15章第15节）。

朋友见面时，相互拥抱、握手或举起紧握的手以示问候，却不会下跪。下跪是专制君主要求的。臣民对君主献上敬意，而君主是神的造物。基督教的激进主义注重宣扬登山宝训中完美主义者的道德标准（《圣经·新约·马太福音》第5—7章），这是广为人知的。不太为人所知以其自身方式且同样激进的是，神的化身向人下跪。当耶稣蹲下身子给彼得洗脚时，这位门徒震惊了（《圣经·新约·约翰福音》第13章第4—10节）。犹太教及其他宗教传统记载都反对这种行为，他怎会不感到震惊呢？无论如何，耶稣这个史无前例的行为在《圣经·旧约》中，位于人类例外论启示的首位，它极大地提升了人类个体的地位，以至于基督教最大可能地将个人看成是高贵的。[①]例如，在东正教婚礼仪式的某一时刻，新郎新娘都会戴上王冠。在世人眼中他们或许是乡巴佬，但在东正教人眼中，他们便是国王与王后。

这种态度及伴随而来的行为，不只发生在教堂内，而是渗入了社会的更多地方，甚至进入了金碧辉煌的王宫内。请允许我重提一下路易十四。路易十四拥有绝对的权力，但当他在走廊里碰见一位侍女时，为了神眼中的平等，出于尊重，他摘下了帽子。我也要提一下奥斯卡·王尔德——一个世俗的男子，他喜欢同贵族做伴，在贵族中他才会焕发出智慧的天赋。但他理想的社会是社会主义及民主的。然而，他想象的理想社会并非人人平等——他可能会说："那将多无聊！"——但人人都是贵族，有着贵族的所有怪癖。[②]

用这些例子表明西方国家早已遗忘其理想的宗教之源，略显奇怪。这种公平的理想也相同程度地存在于其他文明之中吗？国王被迫对侍女鞠躬，贵妇有义务感谢为其服务的男仆，对此我一无所知。[③]但中国儒家也持有类似的观点。儒家认

---

① David Cannadine and Simon Price, ed. , *Rituals of Royalty: Power and Ceremonial in Traditional Societies* (Cambridge, UK: Cambridge University Press, 1987), 143.

② Richard Ellman, *Oscar Wilde* (New York: Vintage Books, 1988), 121.

③ W. H. Lewis, *The Splendid Century: Some Aspects of French Life in the Reign of Louis XIV* (London, UK: Eyre & Spottswoode, 1953; New York: Quill Paperback Edition, 1978), 202.

为，社会就像一个宫廷舞会，尽管并非每个人都是贵族，但作为舞会中的一员，每个人都理应受到尊重。[①]

自信：世俗之源

基督教提升了个体的地位，儒学也是如此，尽管儒学没有这样公开地表示。然而这两种信仰体系授予社会个体权利时，其有效性却受到了极大的限制。因贫穷和少数民族身份而受挫的情况实在太常见了，因缺乏自信自尊而成为被侮辱对象也是常有的事。我们能做些什么呢？开明社会的策略是，向穷人提供教育和经济帮助，使他们脱贫并加入中产阶级。若规划合理，这可以实现。对于少数民族，开明社会采取了相同的应对措施，但若未以预期的速度实现目标时，便促使他们从自己的文化和语言中找到自信。[②] 他们争辩，力量及自我感知有赖于对群体坚实的归属感。的确如此，但只有当个人所属的群体是独立的，且能对抗那些成就及价值观与自身不符的群体时，才

---

① 在西方学者中，葛瑞汉（Herbert Fingarette）特别强调这一点。See the chapter, "Human Community as Holy Rite," in *Confucius—The Secular As Sacred* (New York: Harper Torchbooks, 1972), 1-17.

② A compelling picture of the transfer of culture from one generation to the next can be found in the award-winning book by Gina J. Grillo, *Between Cultures: Children of Immigrants in America* (Santa Fe and Staunton, VA: The Center for American Places, in association with Columbia College Chicago, 2004). Grillo's focus is on Chicago at the turn of the twenty-first century.

是这样。这种程度的独立在如今这个相互联系的世界中是不存在的，甚至在过去也十分少见——至少在过去一百年左右是这样的。那我们还可以怎么做呢？

另一种方法是教育，即从童年时期就开始反复灌输这样的信条——每个人都是世界公民。这并非现代理念，而是由象牙塔中的一位政治学家构想的社会模式。事实上，这是原始人类对世界及其自身的看法。他们的自信源于他们错误的信仰，他们认为自己是地球上唯一的人类，因此他们的文化便是世界文化。少数民族从未有过这种自信，即便他们经常大声宣告为自己的文化自豪，但他们清楚地知道，其文化优越性难以被强大的邻人所认可，除非是以微妙而傲慢的方式。让我重复一下：20 世纪早期的因纽特人依然相信，白人的到来是为了寻求知识与智慧；当今的少数民族很难相信，游客来此只是为了锅贴和性感女郎。

在种族问题敏感性的问题上，社会发生了翻天覆地的变化。即使大约半个世纪前，中产阶级白人仍毫不犹豫地把定期走访少数民族社群称为"访问贫民窟"，至少彼此间都是这么说的。而今，他们不再用这个词，也的确没有了这种想法。现在他们更可能积极努力，以此保护和推进少数民族的生活方式，他们打着文化多样性的名义——这是当今自由主义者的口号。至于少数民族的领导者，他们不再认为他们的共同体是机会有限、物质匮乏的贫民区，反而将其看成文化底蕴深厚、社会历史悠久的自豪之地。

这种新评价大多是真实的。然而，也有其阴暗面，那就是，少数民族的领导者渴望保留其治理权基础。因此，他的族人必须是同种族的、贫苦的并拥有同一种文化，而且不愿意探索外面的世界。但是，这要如何实现呢？孩子们去上学，一定会进入外面的世界。成长过程中，他们在学校努力学习算术和科学，回到故乡则要学习传统的信仰习俗。在两种思维方式、两种价值观以及两种信仰之间徘徊，他们会失去自信，失去正确的自我认知，不知道自己应该成为什么样的人。

世界主义则采取了截然不同的方式。它并没有把文化和知识分裂为"我们的"和"他们的"，而是先假设——根据正当权利，每一个孩子，都是过去及现在人类最好遗产的继承者。① 根据的是什么权利呢？是人类按神的形象被创造的这一权利，人类"被加冕了尊贵与荣耀"（《圣经·旧约·诗篇》第8章第5节），且具有我所详述的非凡感官与思维。孩子们的知识视野不可避免地会受其成长文化的制约，但固守于此并且引以为豪则是错误的。

请允许我再次提及我的童年。当时中国正遭受战争蹂躏，

―――――――――

① 这当然是列夫·托尔斯泰的观点。 See his last major work, *A Calendar of Wisdom : Daily Thoughts to Nourish the Soul*, translated by Peter Sekirin. （New York: Charles Scribner's Sons, 1997; compiled by Tolstoy between 1903 and then originally published in Russian in 1910）.

在仅有一间教室的学校中，我接触了古今中外伟大的思想家和英雄：艾萨克·牛顿、本杰明·富兰克林以及詹姆斯·瓦特等等。我从未想过他们可能不是中国人。我——并且我确定其他的中国孩子，只是简单地把他们当成值得钦佩的人，我们想模仿他们的创造力、知识、勇气和孝义。在我们生命中的敏感阶段，他们的陪伴给了我们自信，让我们感觉，即使我们不属于大师之列，也是他们正直的追随者。我们把自己视为这个令人振奋的、不断扩大的广阔世界必不可少的组成部分。这为我们在以后的岁月里从容面对残酷现实——无论是世界大战，还是自身的局限性——提供了可能性。

当富足的美国白人要求少数民族保持他们的生活方式时，我表示怀疑，因为我没有看到他们言行一致。对于德国、波兰、挪威和爱尔兰祖先的食物、衣服、语言、音乐与舞蹈，他们可能有感恩之情，但这绝不妨碍他们花费大部分精力学习数学和物理，而且他们还学习了《薄伽梵歌》(*The Bhagavad-Gita*，约公元前 400—公元 400) 和《道德经》(*The Tao Te Ching*，约公元前 500)，即世界文化（文明）的最好遗产。那些坚持传统文化或民族文化构成人类自尊基础的人，当然也有道理，因为毫无疑问，这两者更容易获得。然而，人们经常会忘记，每种文化都有其不足之处，其中最明显的是，一定有局限性。在当今这个联系密切的世界中，各地的人们不知道，只要他们看不清机遇，便可能错失唯一实现最擅长之事的机会，这似乎难以置信。为了避免形成文化迷信，避免其成为监狱而非成长的基石，我们需要谨记以下事实。

第一：名副其实的文化是一种鲜活的实体，且随着其他人民及地区的影响不断改变。若不得不强硬地保存某种文化，那它很难富有活力，在此文化中的人也相当于惨遭禁锢。

第二：文化不是一些思想保守者眼中脆弱的花朵，相反它们有极深厚的根基。在一次纳米技术的国际会议上，世界各地的科学家把英语作为共同语言，他们的穿着也很相似。然而，这并不意味着他们失去了自己原有的文化。人们仍能区分中国人与日本人，瑞典人与丹麦人，敏锐的人甚至能将卡斯提尔人和加泰罗尼亚人区分开来。并且，在世界舞台上取得的成功给予了这些科学家极大的自信，这使得他们对养育自己的文化根基更加自豪。①

第三：在任何文化中，都存在不值得延续的信仰与行为，它们只应作为一种记录保留在史册中。想一想中国的缠足。中国人放弃了这个延续几百年的习俗，就不像中国人了么？想一

---

① 委内瑞拉的西蒙·玻利瓦尔青年管弦乐队在国际舞台上的成功就是一个突出的例子。这些年轻的乐手出身背景不同，包括加拉加斯的黑帮贫民窟。 2007 年，管弦乐队在古斯塔沃·杜达梅尔（Gustavo Dudamel，1981 年出生，当时只有二十六岁）的领导下，在德国波恩演奏了贝多芬的第三交响曲，即《英雄交响曲》（1805）。这些年轻的音乐家沉浸在欧洲古典音乐文化中。他们是最高等级的专业人士。这是否意味着他们对自己的文化——委内瑞拉音乐缺乏认同？一点也不。恰恰相反。他们在古典剧目中的成功使他们对自己的文化和音乐传统更加自豪。

想印度的种姓制度。它的废弃充分改变了古老的传统，有教养的印度人放眼于更加公平与繁荣的未来，而非禁锢在狭隘的小圈子内。

第四：在任何充满活力的社会风俗中，很可能存在特定的有助于人（不同于某一特殊共同体）自我感知的信仰、行为、艺术作品和道德标准。它们理所当然属于世界文化。为什么不能将更多的注意力放在它们身上，而是放在充斥众多旅游景区商店和民族文化节日的奇异与低俗之物上呢？

第五：人类个体看清微妙之处与现实范围的能力，远远超过其群体必备的标准知识与行为。一位人类学家冒险进入以奇怪方式著称的文化中，担心与当地人交流困难，但可能惊喜地发现，他们中有人跟他一样，也愿意探索其他文化。[1]

多样性：群体与个人

共同体的价值高于个人基于生存的生物基底。然而，学者们以自己的方式促成了对群体的偏爱。考虑一下生物学家和社会学家。当一种植物或动物面临威胁或灭绝时，生物学家以及越来越多的非生物学家都感到了一种失落。他们不会为一株植

---

[1] Walter Goldschmidt, *Comparative Functionalism* (Berkeley: University of California Press, 1966), 134.

物的凋零或一只动物的死亡而忧伤，除非它们被赋予了人类特性，比如人养的植物或宠物。社会学家亦是如此。他们关注整体而非个体。当谈及人类多样性问题时，社会科学家考虑的是全世界人类与文化的多样性，而非个体的差异。相比之下，人文主义者侧重个体的研究——自然是重要的男人或女人，但也不仅限于此，因为他们认为，每个人都是独一无二的存在，都有其独特的价值。

人类和文化也有价值。它们的没落及可能的灭绝理所当然会引起关注。然而，对此需要注意两点。一方面，即使一种文化消逝，曾经拥有这种文化的人不仅可以生存，而且会在另一种文化中活得更好。这种可能性鼓舞了人文主义者，因为他们自然地怜悯人类——他们的生存与成长——而不怜悯其特定生活方式的永久性。另一方面，许多人文主义者也是文化历史学家，在此种情况下，他们与不会消失的物质文化和语言息息相关。

这也引出了我的第二个观点，即文化和语言不必消失到不可挽回的地步，只要保留这些符号，我们便可知道如何复兴过往的痕迹——重建维京船、罗马式教堂及神社。至于语言，威尔士语那样濒临消失的几种语言已被成功拯救。并且，不仅是特定的物体，来自遥远过去的全部风景，也可能被赋予转瞬即逝的新生活。我们若没有领会这一普遍事实，尤其是在学术上，会怎么样呢？^①或许是因为我们势利地轻视电影，所以没有看到电影产业最大程度地再现了令人敬佩的每一细节：从康茂德带领下的罗马到20世纪的爱尔兰和波士顿，即使是宽外袍的最后一条褶痕，马甲的最后一个扣子，演员的穿着都十分得体；由于时间和地点的需要，演员们讲着拉丁或爱尔兰口音的英语。的确，这些场景缺少了日常生活的嘈杂，如梦如幻，但哪一种对过去的重建不是这个样子呢？那些博学的历史学家笔下有着浓密脚注的作品就更真实吗？

人类个体则是另一回事。当一个女人死去，她永久地带走了她的观察和体验方式。从这个意义上说，人类个体的死亡就像一种植物或动物物种的消亡。这种说法可能听起来有些夸张。人类个体的经验到底有什么价值？当然他是独一无二的，但仍是微不足道的一个物种。出于对同类支持的偏见，我们大部分人可能认为渡渡鸟的灭绝比隔壁杂货店的关业损失更大：一个物种的生活方式是独特的，但与普通人类生活方式的独特性不能相提并论。那么，我们的生活到底有什么独特之处呢？

---

① There are notable exceptions. See Arnold R. Alanen and Robert Z. Melnick, eds., *Preserving Cultural Landscapes in America* (Baltimore, MD: The Johns Hopkins University Press, in association with the Center for American Places, 2000).

真理与自由意志

我的经历大多平凡。少有的例外便是那些与美丽、爱情以及真理相关的事物。它们是我生命中仅有的有价值的事物。无疑，其他人也是如此。然而，美丽、爱情及真理是极其抽象的。当两个人使用这些词时，心灵中很难出现相同的体验。但如果我用这些词，那是因为我把它们——这些抽象名词、这些柏拉图式的理念形式——视为隐性的形容词，它们带有一种特性，可以把我们引领到更高的存在状态。柏拉图特别赋予美丽以这种力量。但是，如果美丽可以这样，为什么爱情不可以呢？基督教把爱情而不是美丽视为最初的诱惑。作为推动我们的力量，这两种诱惑仍然非常抽象，但它们的抽象性可能是优势，使我们不会认为自己能达到它们最好的表现程度。可实现的是我们在上升过程中遇到的具体事件和权宜之计，这些我们应该接纳，但不会被永久诱惑。

那真理呢？柏拉图主义和基督教都给真理以特权。辨识客观事真理的能力是我们内心神圣的火花。这个能力或许存在，但很少被运用。当然，人们想知道，为什么某些事情的发生，比如洪水和旱灾，打破了生活准则，甚至与公平的直觉背道而驰时，便打破了社会准则。目前对此有各种解释，但更多的是为了缓解焦虑以及为了应付过去，而非出于对真理的渴望。星星似乎是个例外，对它们的了解显然有实用价值，如校准城墙和航向。然而，在西方文明中，这已经到了不为人知的深度，即恒星运动的规律。

天文学一直是极具魅力的学科：高山顶峰上形单影只的个人，通过巨大的望远镜观察遥远的恒星与星系，这给人一种理想世界的氛围，催人奋进。社会一直以来愿意花费巨额财富，探索没有可能用途的知识。不仅聪明之人、博学之人，而且各界普通群众都想了解这种知识。对于他们来说，像史蒂芬·霍金（Stephen Hawking，生于 1942 年）、弗里曼·戴森（Freeman Dyson，生于 1923 年）以及马丁·里斯（Martin Rees，生于1942 年）这样的科学家，他们愿意为之效劳，似乎他们把知识据为己有会受到道德上的谴责。[1]

除自然真理之外，还有关于社会和人类心理的真理。这些真理也被深埋了，但不只聪明和博学之人才能发现并把它们公诸于众，"内心纯洁之人"也可以做到。民间传说说明了这一点。在《国王的新衣》中，一个天真的孩子看到了国王根本没穿衣服，智者却全然不知；是聪明的傻瓜而非久经世故的人看清了社会表层之下的庸俗事实以及张扬背后的不安。

我曾说过，按照我们对这些词语的通常理解，真理要高于

---

[1] Robert Sack, *A Geographical Guide to the Real and the Good* (New York: Routledge, in association with the Center for American Places, 2003) .

爱情及美感。确实如此，真理防止人变得伤感或肤浅。从这个意义上来说，爱情是感伤的，美感是肤浅的，我们也并非是完全真实的。当我说我在生活中的经历并不多，或许只是其中一种，我是想谈这些不足——比起物质实体的存在，我更像皮影戏。其他人或多或少也是这样。解决方法是什么呢？是真理。真理有揭示我们虚假的力量，这个过程可能会有压力。另一方面，真理的力量也在于揭露迄今不为人知的能力——比如把人类的爱情（性爱）转变成神圣的爱（友爱）——但这个过程同样也有压力。什么能应对这样的诱惑——并能应对得毫无过失恰当得体呢？那便是"内心的纯洁"。

如果神是公平的，为什么很少有人内心纯洁呢？这一残酷的事实逼迫我再次回到不平等的问题上来。像社会经济的不平等一样糟糕，比这更糟糕且让人更加抗拒改变的是，内心的不平等：一些人更加开放包容，因此比起其他人，他们更能感知并欣赏繁星点缀的夜空和露珠闪烁的树叶，然而却少有人能欣赏别人的光彩与美丽。伟大的老师传授学生知识，似乎所有的学生都在倾听，但事实上只有几个人真正听进去了。几乎所有的自然环境及很多建筑环境都有足够的吸引力，然而，参观的人很多，却只有很少人可以真正领会。我们时常穿梭在美丽之物中，却只如蟑螂穿过交响乐厅般，对于其建筑风格熟视无睹，对美好的音乐置若罔闻。

至于人类知觉迟钝的根源，或许是人类意志的缺陷而非感觉和思维的不足。我们通常认为我们的意志是自由的，意志让我们可以选择；但是我们经常选错，因为我们的判断受自身的脆弱、罪恶、偏见以及外部生活环境的干扰。内心的纯洁也是不自由的，其意志也只因"神的恩典"而有所倾向。神的恩典——或其他同样神秘之物——赋予他们一种性情、一种专注的品质，使他们敞开胸怀接纳真相、美丽和善良。我们都向往内心的纯洁吗？不见得，如果我们不得不放弃选择和动机的幻想，不得不放弃成为命运主宰者的幻想，就不会。膨胀的自我主义不被内心的不纯洁所认可，这是疾病的本质，所以这是拒绝修正的一种不平等。即使所有的社会经济不平等都消除了，它依然存在。

如果很难听取福音书中讲述的"因为他们看也看不见，听也听不见，也不明白"（《圣经·新约·马太福音》第13章第13节），那么听取"应该给的，要给到每个人；不该给的，连他已得到的也要夺过来"（《圣经·新约·路加福音》第19章第29节）就会更难。还有什么比这更不公平的？若我们再次看到意志或自由意志如何在生活中消磨殆尽，那么这种言论的不公便会有所消减。当自由的意志被视为由对善良的渴望而激发，由日常工作和遭遇所锤炼而成的一种专注品质，它会为融入现实提供新的机遇，同时带来更多的机会。相比之下，那些错用意志的人在实践中通常处于自我膨胀的状态，固执己见，他们被成就蒙蔽了双眼，视野越来越窄，失去了辨识前进道路上潜在机遇的各种能力。

迷失自我的渴望

面对现代生活过度的个人主义与碎片化的特点时，面对被自我与自由意志、真实与谎言、对与错、善与恶等问题烦扰的意识时，人总会有一种摆脱它们的渴望，这是可以理解的。在那么多可行的方法中，最常见的是服从自己的信仰以及更大的共同体（群体或社会）的既有观念。我们欣然并且不假思索地服从。然而，我们偶尔也会驻足问道："一个好的甚至完美的社会是什么样的？"如果必须在更大的整体中失去自我，我们希望那个更大的共同体是完美的。完美共同体的定义是，其成员相互交往时没有误差和误解。原子核及环绕的核外电子、太阳及其行星、北极星及绕其旋转的其他星星便是完美共同体的例子。植物群落在其组成部分的复杂关系中，必定不够完美；动物群落更不必说；人类群落则最不完美。①

在不完美的社会中，个人之间、群体之间都存在竞争。独裁者通常很难容忍竞争。他们在其世界中谋求最大程度的和谐一致，并把星辰的有序运行作为典范。即使作为一种理想状态，民主也不期盼达到完全的和谐一致：民主促进个人发展，

---

① Victor Lowe, *Alfred North Whitehead：The Man and His Work*, Volume II, 1910 - 1947 (Baltimore, MD: The Johns Hopkins University Press, 1990).

并必须承认一定程度的混乱。独裁统治下的人们憎恨被迫服从的状态。在民主环境下，人们却在相反方向上经受磨难：即使在乱哄哄的人群中，也有着太多的自由、迷惑以及孤独。无论处于哪种政权下，人们都不满意——这种不满最终源于他们的思考和反应能力。解决方法是什么？以下列举几种：化学制品，如酒精和毒品；个人，如自杀；社会，如在紧密联系的社会中失去自我，在现代组织中终日忙碌，或在法西斯国家扼杀所有个性。在最高的层面，神秘的宗教解决方法是，在婆罗门、涅槃、海洋合一中失去自我。

作为基督教理想的个体

亚洲宗教的理想是自我迷失，而基督教的理想是自我获取，两者截然相反。那么获取什么呢？获取的是至死不会终结的个性与完美，因为复活的身体继续发展，直至进入神有意从头开始塑造的状态。

我沉溺于基督教启发的幻想之中，其价值是允许我随意想象天堂生活与地球典型生活固有的不同之处。天堂中圣人们享受着孤独：当他们反省自身时，便是与神亲密无间地交谈之时。同时他们也享受与他人的交谈。他们特有的个性意味着，他们有可分享的独特经历和深刻见解。在地球上，个性远不是交流的优势；事实上，很有可能是一种妨碍。认识到人及其潜在交谈者的独特性，会使他们变得自觉而谨慎，如此一来，交流甚至可能不会开始。一旦交流开始，误解与争执便会暴露。这与话题的难度或不同观点逻辑上的不可协调关系不大；这源于自我主义：双方都太迷恋自我以至于无法真诚地倾听别人。真正的思想交流是一场智力约会，就像是一场爱情游戏。不必说，天堂之中不乏爱情或智慧。

圣人们大概也会在共同体中花费大量时间，就如地球上的我们一样。然而，与我们不同的是，他们不会聚在一起讨论市政下水道的扩建，或是向神祈求更多的阳光。他们也不会形成共同体，至少不会形成马丁·布伯（Martin Buber，1878—1965）所说的"真实的"充满"工作、辛苦与苦难"的共同体。[①] 天堂只是没有生存的需要和敌对的力量把人们绑在一起，天堂拥有的，可能与发达国家中最好的自由形成的社会相类似。像地球上的幸运者一样，圣人们聚集是为了彼此陪伴的纯粹快乐和某些共同事业，比如增长知识，创造令人愉悦的声音——音乐——以歌颂神。

现实与完美之理念

此时，身着白色长袍的天堂唱诗班的形象重现了。尴尬的

---

① Martin Buber, *The Writings of Martin Buber* (New York: Meridian Books, 1956), 129.

是，当我们面对天堂的圣人时，本应看到如高山般巨大的形象，而不是比成人还要小的形象。至于我们，仅在拥有身体和重量的意义上，才是现实存在的；在精神与心理上，我们是"不实在的梦"。那么，有什么方法来打破这种僵局吗？我认为有一种方法，可追溯到坎特伯雷（Canterbury，1033—1199）的圣·安瑟伦（St. Anselm），后来又被勒奈·笛卡儿（Rene Descartes，1596—1650）所接受。它是一种思维方式，把完美与现实，或如他们所说的，与存在联系起来。

凡是完美之物必须存在——存在或现实是完美意义的一部分。最初作为证明神存在的论据，后来被改进以证明人类的地位。改变集中于这个观点——完美来自等级，一个事物越完美就越真实。我们人类有缺陷，因此比较虚幻，不太真实。相比之下，天堂中的圣人有一种实在性、真实性——这种真实性凡人很难想象。在某种程度上，我们能够接近完美，我们会变得更加真实。然而，不能拖沓，不能放松。即使在今生，我们也被告诫要完美（《圣经·新约·马太福音》第5章第48节），即要变得真实。

这一要求让我们不安，因为我们知道，若不耕耘便不会有收获。俗话说：由"苦难铸就的完美"（《圣经·新约·希伯来书》第2章第10节）之人才具有真实性。在地球上，我们遭受自然与社会的残暴之力，没有人——当然包括好人——可以避免。我们同样遭受奋斗之苦，这意味着我们势必要克服一些障碍。在艺术领域也是如此：意大利卡拉拉大理石拒绝被雕刻成米开朗琪罗手中神圣的大卫雕像；白纸拒绝被写上著名诗人约翰·济慈（John Keats，1795—1821）的诗作《夜莺颂》（*Ode to a Nightingale*，1819）。天堂中的圣人免受自然与社会的冲击，毫无疑问，他们也不必劳其筋骨来建筑房屋。但是，在一定程度上，他们的创造力极强——其创造力确实比人类强得多——他们一定是突破了前世的存在状态，这意味着努力与压力。

　　压力更深层的来源是完美——道德完美——这涉及一个至今仍未解决的似乎也无法解决的矛盾。好人被期望比我们大多数人拥有更多的财富，还要比大多数人更安稳地活在世上，那也仅意味着他或她更加光鲜亮丽。另外，人们期望好人无私，没有很强的自我意识，因此，他们与那些热衷炫耀的人相比，不会那么显眼。在《圣经》中，基督徒被敦促要成为世界的光（《圣经·新约·约翰福音》第8章第12节），这盏灯被置于灯台上而非餐盆下。另外，他们也被要求在私下里祷告，不是为了循规蹈矩，也不是为了吸引注意力或赞美自己。在天堂里，这种矛盾可能会更加明显，因为，圣徒与我们不同，他们是完美的——像磨光的钢一样坚固锃亮。那么，他们如何才能让自己不那么显眼呢？

　　写到这里，我偏爱基督教幻想的原因已经很清楚了。它为我认为的生命中的重要事物提供了双重基础：一个，是过完一生，没有成为随波逐流的廉价复制品或可憎之人；另一个则更为积极，是成为一个真实的人——于我而言，这意味着成为一个好人，一个真实的有形的存在，但这样一个没有强烈自我的人很容易被忽视。在此，我看到了佛教与基督教观点的融合。两者中的道德完美引发了悖论：佛教主张的自我，其目标是追求无我；基督教主张的自我，是一个真实且高度个性化的存在，其目标是追求忘我。

人文主义与宗教

现代形式的人文主义随着经典学习的复兴而出现。通过对古典文学的研究，文艺复兴时期的人们开始欣赏古代的非凡成就，并对人的本质有了更多的认识。这种异教推动的、基督教宣扬的东西，使文艺复兴时期的人引以为傲。然而，之后欧洲的人文主义试图疏远宗教。在某种程度上，这意味着对迷信观念与行为的摒弃，人们不断获得自由与地位。在某种程度上，这也意味要摒弃人性与命运的所有超自然观念，即人类正在式微。讽刺的是，世俗主义与科学，这些最初用来提升人类尊严的力量，最终把按照神的形象所创造的人，退化为比猿稍微高级点的动物，或是一种社会经济的抽象与统计数据。

对世俗科学的人文主义者来说，生命中终极的不可避免的限制就是死亡。最后只会留下一具尸体，并且很快便归于尘土。尽管这些赤裸裸的事实摆在面前，人文主义者仍与有宗教信仰的人一样快乐地生活。或许是人类价值和命运中的存留信仰源于宗教，在他们的思想中不被认可。致力于正当事业——社会公平、文化素养、动物权利、生物伦理学、生态民主，等等——也是一种有效的遗忘方式。在真正意义上，正当事业是他们的"鸦片"。他们可能会上瘾，并变得麻木，因为很难想象，当那些怀有善意的人——但他们的善意并不基于任何宗教信仰或形而上学的直觉，开始质疑世俗信念的基础并完全觉醒时，当他们痛苦地意识到自己的努力终是徒劳时，这个世界将会怎样。①

---

① Charles Taylor，*A Secular Age*（Cambridge，MA：Harvard University Press，2007），695－99.

第六部分

零星的想法

第十九章　成为整体

在这本书中，我介绍了一些佛教与基督教的故事。这两种信仰都假定生命在躯体死亡后仍能延续，从而允许更高层次的改变和成长，用宗教的话来讲，就是自我救赎的机会。这些故事之所以吸引我，不是因为我对死亡的恐惧。说实话，像所有失眠症患者被失眠折磨一样，我渴望放松与沉睡。是的，这些故事吸引我，是因为它们说出了我对最终公正的渴望。即使作为一个孩子，我也不安地意识到人类命运是多么不同。随着我对世界的认识不断加深，这种意识不断增强，并变得愈发令人苦恼。各种极端的形象活灵活现地萦绕在我心头：一个极端是俯瞰太平洋的美国大苏尔的悬臂式房屋，另一个极端是尼日利亚首都拉各斯的贫民窟小屋；一边是给他聪明的同学解释 Q－二项式定理的少年，另一边是不断流着口水的唐氏综合征患者；一边是功成名就，临终前被亲属、朋友、医生和护士包围的休伯特·汉弗莱（Hubert Humphrey，1911—1978），另一边是苏丹达尔富尔难民营中被饿死的孩子。

在某种程度上，我明白至少在发达国家中，如果人们关心的是经验的质量而非商品与地产的数量及质量，某些不公才会被消减。合法占有与拥有根本不是同一回事。一个人只有保持正确的精神状态，才能拥有艺术与自然之美。如果好人继承了地球，那是因为他们有正确的精神状态——因为他们观察、领会、倾听及理解。我们大部分人没有做好人的资格，我们大部分人被自己的野心、嫉妒、贪婪与虚荣蒙蔽，无法拥有自己的东西。讽刺的是，罪恶通过阻碍某些人促进了公正，这些人包括天赋异禀与容貌俊美者，尤其是那些权贵。

我仍然有些困扰，对这些安慰人的答案有所不满。它们没有解决我上文提到的命运极其不同的问题。我唯一感到满意与公正的是，死亡是开始而非结束。基督徒和佛教徒都提供了一个新的开始。即使信仰基督教，我仍发现佛教中一条关于来世的关键教义出奇的有益。对于佛教徒来说，死亡会通向另一个轮回。科学家可能会认为可笑，正如我承认的那样，我自己也觉得可笑，但其仍有可取之处：这能使人具体地想象死后的生活，不是身着白袍的圣人，而是比如，一只蟾蜍，一匹马，经过漫长的岁月后，成为一只聪明友好的黑猩猩。

佛教故事的独特价值是教导人们要极富耐心，使人们意识到善恶的因果循环：一丝虚荣或嫉妒的念头，极小的不善或轻率之举便可导致恶报；相应地，一丝怜悯和一点善举也会带来善报。由此看来，一只蟾蜍改进自身的机会必然极其有限，马也大致如此。相比之下，我们人类的机会更多，并且能更好地利用这些机会。一如坦诚地面对自己，在人生的关键时刻，我们有什么进步？在八十年的生命历程中，我自己又能有哪些进步？

在心灵问题上，有过去几十年的经验，我显然了解更多。我估计一生读过上万本书，但与我的大学图书馆中的八百万册相比，数目少得可怜！更重要的是，随着年龄增长，即便是自己，我是否又了解更多呢？或许疑问本身就意味着进步，因为在我无所顾忌的青年时期，我根本就没有疑问。就道德而言呢？从何种意义上来说，我变得比七十年前的自己更好了呢？在某种意义上，我越了解邪恶的通俗（即普通），我越不被它所诱惑。道德上的这一丝自命不凡使我无法损人利己，损人利己是我最能利用邪恶的形式。这能视为一种道德提升吗？或许吧，但这很有限，也很模糊。

只有在自我认知上，可以说，我取得了长足的进步。其中一部分只是生理上的成熟。因此，青春期开始时，对性的懵懂使我看到未来两个黑暗的领域：第一，不可能经历一场相濡以沫的爱情；第二，死亡的必然性。第一个领域给我的情感最深处蒙上了悲伤与罪责，第二个则使人即便在阳光普照、鸟儿鸣唱时也会有灾祸临头的焦虑。自我认识不仅是生理成熟带来的，也可以发生在生命中的任何阶段。因此，当我十二岁在澳大利亚时，我被耶稣的故事深深迷住，即使我不知道这些奇迹是如何发生的。二十三岁，在加利福尼亚州的死亡谷，我将沙漠作为我的客观对应物，使我的身躯在荒凉的矿区依然可见。自我认识也是努力的成果，即使开始努力的最初激励仍然神秘。因此，七十四岁时，在威斯康星州的麦迪逊市，我开始聚精会神地聆听巴赫的音乐，起初感受到作品主题带来的快乐，而后是被抬升至一个神圣世界的兴奋，最终是家的安慰和舒适。在做出努力之前，我不可能知道内心深处的不适可以从莱比锡·卡普佩尔·麦斯特的作品中找到慰藉。

进步是这本书中反复出现的主题，也是个人生命旅程中的理念。生命中重要的是旅程而非最终目的地的理念，至今对我没什么吸引力，因为若没有可取之物在终点等着，我便看不到开启旅程的意义。我仍然倾向于将生命视为有方向、有目的，因此我将在结语中重申这一点。但在此之前，我需要做一个更正。过多关注进步就是倾向于贬低中间过程。因此，我把恐龙看成现存的、以此证明人的出生及儿童时代只是迈向成年的一个步骤。意识到一个人成长过程中的每个阶段都有各自的完美之处，在生物跃升演化的过程中，地球上的无数生命形式各不相同但非质的不同，这使我更加充分认识到自然的丰富及平等。

但是，出于两方面的考虑，我再次回归到进步与不公的问题上。其一，事物之间只存在简单的不同，这种说法其实是托辞。毕竟，事物间的差异有大有小。橡树叶与橡树间存在巨大差异，而同一株树的两片叶子间存在细微的差异。另一个例子：狮子比寄生在它身上的扁虱的结构组织要复杂得多，与其说狮子与扁虱存在简单的不同，不如说两者互不相容、不平等要更准确。至于成长的各个阶段，说每个阶段都有其完美之处可能是正确的，但这种说法有所误导，因为它忽视了成熟的观点——即年轻人在成人时期有了自我认知（自身目的）。这一观点使我考虑到第二个方面，即人类发展的独特之路。橡子长成橡树，奶猫长成大猫。这些都是生物学上的案例。对于人类来说，文化发展与生物进化并肩齐驱。从生物学角度而言，一些人就是比别人有天分。我认为，这些差异难以克服且极其不公平，但在后天文化教育资源的帮助下，我们至少可以改变一部分差异。不幸的是，社会资源比自然资源的分配更不均衡，结果导致绝大多数人临终时只能实现一部分潜能。

对于公正的需求，宗教给我提供了一定的安慰，这是它吸引我的一个原因。无论一个身处逆境的共同体遭遇过什么样的困难，他们也始终期望自己的后代可以得到补偿与公正。但是对于个体成员来说，显然不是这样，除非死后还有来生。佛教主张死亡不是终结：人类可以通过不断的轮回，来实现对自身的救赎。根据轮回的信仰推断，在前世人可能是一头衰弱的乳牛，一条长毛狗，或是任何一种动物。从佛教中，我学会了尊重其他非人类的物种。然而，最终我发现佛教与我的性格并不契合。它并不保证来世的进步：由青蛙转世的大猩猩，下一生可能又成为青蛙。于我，更大的障碍是这条佛教教义：历经漫长的岁月，如果我最终获得救赎，也只是丢弃了自我的个性，归于统一。

　　因此我转而信仰基督教，此宗教重视人，同时也教导人是有罪的——我们是有缺陷的。我认为，我们确实有缺陷，并且，由于种种无法控制的原因，我们也是未完成的。有缺陷并且未完成，难怪我们大部分人是幽灵般的躯体，寻找着发育不足、不太真实的阶段。假定有来世的好处，是给予了我们所需要的时间，使我们在惊心动魄、美丽生动之地，成长为神对人类的最初预期——实体存在的独特个体。

　　这些想法理应使我保持警戒。是我背离得太远了吗？是我沉溺于单纯、逃避主义的幻想了吗？即使与我产生思想共鸣的读者们都可能认为我超越了人文主义地理的范畴，转而进入了狂热宗教想象的幻觉。 1940 年代末，我在牛津大学学习期间，我崇拜的智力与想象力非凡的人，都从容地接受来世的理念。这些人有 C. S. 刘易斯（C. S. Lewis）、 J. R. R. 托尔金（J. R. R. Tolkien）、查尔斯·威廉斯（Charles Williams）、T. S. 艾略特（T. S. Eliot）、 W. H. 奥登（W. H. Auden）、雷因霍尔德·尼布尔（Reinhold Niebuhr）、迪特里希·布霍费尔（Dietrich Bonhoeffer）、艾伯特·史怀哲（Albert Schweitzer）、加布里埃尔·马塞尔（Gabriel Marcel）、尼古拉·别尔加耶夫（Nikolai Berdyaev）、西蒙娜·薇依（Simone Weil）和多萝西·戴（Dorothy Day），他们都是基督教徒。我们可以公平地讲，永生并没有引诱他们加入基督教。其中的查尔斯·威廉斯甚至宣称他无法"容忍这一奖赏"。对他们而言，永生更像是他们对基督形象深入理解及紧密接触的结果（且绝不是最重要的结果）。

在过去的五十年里，世界改变了太多！总体上，当今世界是世俗的/唯物主义的，此主张没有被原教旨主义的兴起否定，对我来说这是信念余烬中显示病态迹象的火星。在这个世俗/唯物主义世界中，我是一个怪人。我的同事和朋友们发现，我的信仰有些不可思议且让人尴尬，超出了他们理解的范围。他们没有看到思考自己信仰及行为基础的必要性，这让我有些疑惑不解。是什么让他们在日常生活中如此表现；更确切地说，是什么使他们做出以下善举，拯救地球或保证全世界更大程度的社会经济平等？他们的责任感源自何处？地球适合人类及人类世世代代居住，是生活幸福愉悦所需吗？一代人继承上一代人的形象，每个人都将部分基因传给下一代视为终极目的，难道不是毫无意义吗？与圣·奥古斯丁相比，人类存在的形象是多么谦逊，圣·奥古斯丁曾这样问自己："得知自己永生，对你来说足够了吗？"他的回答是："对于某些人来讲这是件大事，但对我来说不值一提。"①

---

① As quoted in Josef Pieper, *Death and Immortality* (South Bend, IN: St. Augus-tine's Press, 1969), 5.

我的信仰与行为植根于基督教的教义与故事。我无法说自己对基督教的信仰是理智的，我宁愿将其视为环境与性格的影响，因此，我在传播福音时没有皈依者们所具有的逼迫感。基督教教义还对支持者设定了限制。其一是道德极端主义，如同登山宝训中例证的。布道中的训令似乎在向另一个世界中的生物说教。它们对这个世界的生物是不现实的。然而，不现实并不意味着不自然或超自然。奇迹是超自然的，而最重要的超自然是耶稣的复活（《圣经·新约·路加福音》第 24 章）。复活假定了来世的存在。我该如何看待来生呢？若我把它视为可能，那是因为永生是基督教教义的一部分，还因为我需要公平的实现，但我无法亲眼看到其实现，甚或看到公平问题的缓解，这一点我在本书的开头便提过。最后，现世的某些事实与迹象激励我接受死亡之外的其他事。

　　这类事实之一就是罪恶的深度。为了生存所做的斗争，生物进化论的生存竞争能完全解释人类历史上残酷、施虐癖、血流成河如此多的现象吗？我认为不能。邪恶——神学语言中的黑暗势力——真实存在。威廉·詹姆斯也对此表示赞同。严格来看，道德生活是一场战争，这场战争不允许人们保持中立态度。道德品质高尚的人并不是为了自己的生存而斗争，而是为了善良的存在不懈努力。这个结论把我带到了道德的另一个极点——善良。如果罪恶的深度难以解释，善良的高度亦是如此。欢乐无忧的稚童、不知疲倦的社会工作者、无私付出的阿姨以及智力超群的天才，这些极其善良的人暗示了现实的另一规则。生物与社会科学对此做出的解释并未使我信服，部分原因是我没有发现有说服力的论据，但更多是因为这些论据在反对人类过往直接经验时显得苍白无力，那些人的善良使我将他们视作来自天堂的旅居者。

比至善低一水平的是另一现实的审美暗示。我们假设这两者一个关于听觉，一个关于视觉。听觉对于音乐爱好者是至关重要的，我自己就是一个例子。若天堂与神关系密切，且存有共同的崇拜，那我早就可以从巴赫的《B 小调弥撒曲》中获得启示了；在这个过程中，我感到促膝谈心的惬意和大教堂内圣人满座的圣餐之光。视觉世界是对更加完整、更加灿烂之地的一种无法抹去的感觉。即使在地球上，我们的感觉也使我们能够享受《野百合》的视觉盛宴，以及其他自然与艺术的奇迹；只是我们很少充分利用我们的感觉，宁愿一直患有伤风般度过一生。当天气转暖，我们周围的一切都焕然一新；或者，用我在之前章节中的解释，我们可被比作水手，借助甲板下的雷达荧光屏，穿行于曲折的海岸。水手们（即我们）早晚会接受这唯一的事实——船体中黑暗、幽闭的空间。试想当我们爬上甲板，沐浴在阳光之下，面对这奇特无限又美丽至极的景象，会多么震撼。

译 后 记

段义孚（Yi-fu Tuan，1930—　），美国华裔地理学家，美国艺术与科学院院士，英国皇家科学院院士。自 1970 年代以来，蜚声于世界人文地理学界，在对抗实证主义、吸收现象学和存在主义等哲学观点的基础上建构了富含人文关怀的人文主义地理学。约翰·K. 怀特（John K. Wright）在 20 世纪早期称之为"地理哲学"（geosophy，一种地理和哲学的融合），段义孚逐步将人文主义地理学研究推向新的高度。

段义孚的人文主义地理学并不研究客观的地形、地貌等自然现象，而是以人之生存为核心研究人与地理环境的关系，将人的种种情性与客观地理环境的丰富关系进行极具智慧的阐发，把研究重点置于人直接经验的生活世界和环境的社会建构，强调人性、人情、意义、价值和目的，关注人的终极命运，进而发现人类在生态整体中的定位以及人类与环境的本质关系。他的诠释将人对现实环境的感受与似乎和地理学不太相关的哲学、心理学、环境美学及人类学等方面的见解联系在一起，他对问题的思考往往纵横于诸多学科之间，其著作的影响不只限于地理学，而远至于哲学、心理学、环境美学、园林设计、文艺学、宗教等领域。

段义孚先生已近九十岁高龄，仍笔耕不辍。迄今为止，段先生发表论文一百余篇，著作二十余部，其著述内容新颖独特，对人类状况进行理性反思，富有深厚的人文情怀。段先生从事地理学研究的人文情怀与其特殊的生活经历密切相关。他出生于天津，先后在南京、上海、昆明、重庆等城市暂住，十一岁时随全家离开重庆前往澳大利亚、菲律宾就读中学，之后就读于英国牛津大学、美国加州大学伯克利分校，毕业后分别在印第安那大学、芝加哥大学、新墨西哥大学、多伦多大学、明尼苏达大学、威斯康星大学教书。到处漂泊的生活经历使段先生有一种"深深的无根感"，加剧了他对故土的眷恋之情，同时也拓宽了其生活空间，造就了其世界主义视野。这也更令段义孚深刻体悟到人类与各种地理环境关系的复杂性与多样性，鼓励其对人的地理经验加以研究，包括人的地方感、空间感以及人与世界的关系方面的研究。

段义孚运用现象学描述的方法，对人的地理经验加以研究，彰显人与环境的情感联系，把其在地理研究中所采用的现象学的描述方法统称为"描述的心理地理学"（descriptive psychological geography） ①。段义孚呈现其研究成果的形式也是描述性的文字。他曾说："我的方法是描述性的，其目的是想有针对性，详实而清晰，以尽可能新的方式审视世界，而不是分析、解释和武断地下结论。我写作的体裁是随笔，……在随笔中，事实和观点以富于想象却可信赖的方式罗列出来并进行探讨。然后，如有必要，进一步针对某一特定问题，进行细节考察。我认为，以社会科学的方式理解人类现实有弊端，……遵从严格分析方法的研究会变得机械枯燥。"② 段义孚认为："对一个地方生动或逼真的描述，也许就是人文主义地理学的最高成就。"③ 段义孚用简单而细腻精妙的语言以一种最朴实的描述方式展示了人与各种地理环境情感联系的复杂性与多样性。段义孚的作品以人为核心，连结人类经验和人类表现，诠释其内蕴的主体性，进而转向关怀人的生存，给人以温润的沉思。

《人文主义地理学》一书出版于 2012 年，全书分为六部分，共十九章。该书是他作为地理学家所认识和经历的一切见证。"《人文主义地理学》一书是对段义孚文学生涯的精彩总

① *Yi-fu Tuan*, *Dominance and Affection*: *The Making of Pets*, *New Haven*: *Yale University Press*, 1984, *ix*.

② *Yi-fu Tuan*, *Dominance and Affection*: *The Making of Pets*, *New Haven*: *Yale University Press*, 1984, *x*.

③ *Yi-fu Tuan*, "*Humanistic Geography*," *Annals of the Association of American Geographers*, 1976, *Vol. 66*, *No. 2*, 266 - 76.

结，本书中他反思了之前所有作品的内容，并将其重新呈现。对于多年关注段义孚的人来讲，本书将是令人愉快阅读的不二之选。"①

在著作中，段义孚首先叙述了自己的教育经历对生活观和世界观的影响，认为正是早年所受的教育造就了其总体上积极的人生观，并固守进步的信念，也促使其一步步走向人文主义地理学研究。段义孚认为，人文主义促进了自主个体的提升，个体的提升又促进社会的进步，二者是良性循环。随后段义孚用大量的篇幅叙述了个人、社会与世界错综复杂的关系。段义孚指出，个人与个人之间、个人与社会之间存在巨大的差异。在现实生活中，我们为了获得某种归属感和稳定感，往往选择忽略个人与社会间的差异性，但常常会感到孤独。他向我们介绍了几种通过将个体与社会和世界紧密联系在一起战胜孤独的方法：身体接触、集体工作、语言联结等。段义孚同时指出，随着社会的进步与发展，在不同文化领域，人们的自我意识、个人尊严感和对内心自由的渴望日益增强，这种个体意识的完全释放在现代国际化都市中更为明显。然而，作为个体，我们都需要他人来证明我们的存在，渴望得到他人的认可，害怕他人对自己的忽视和冷漠。因此，一个人可能轻易失去其自我价

---

① 丹尼斯·伍德 (Denis Wood)，著有《地方自治与全球五十亿年的变化：土地的历史》 (*Home Rules and Five Billion Years of Global Change*：*A History of the Land*) 。

值感，并陷入自我消沉的困境，这是令人深感不安的心理实情，却也是正常现象。此外，为了避免人类陶醉于自身及社会的进步，段义孚对人性的种种脆弱和罪恶进行了记述，以提醒人们保持清醒冷静的头脑；同时，从身心两方面叙述了人类的能力及潜能。段义孚特别指出，我们常常忽略自己的感官体验，因此也忽略了大自然给予我们的许多馈赠，忽视了对自然所应承担的生态责任。学校在启发我们心智成长的过程中，也常常忽略听觉和视觉以外其他感觉的培养。作为个人，我们可以通过追求真理、善良、美德等有价值的目标，通过致力于正当事业——社会公平、文化素养、动物权利、生物伦理、生态民主等有益之事来体现个人价值。

段义孚在回顾和重新评价他以前著作的基础上，在该书中强调了人文主义地理学研究可以为年轻一代的学生、学者和教师提供一条自我发现、自我实现甚至启迪的道路。"段义孚谱写了一首非凡的散文诗，体现了对理解的寻求，体现了在战争、不平等和灾难蹂躏的世界中个体对其自身地位的终身反思。他探讨了在社会与更广阔的大都会世界中个体所扮演的角色，不断指向进步的希望。这是一本令人愉悦的书，深深地植根于东西方伟大的宗教传统。以这种极具反思又引人入胜的语调，段义孚向我们展示了了解我们在世界上的地位的独特路径——人文主义地理学。正如在日常生活的物质层面所看到的，对人类存在的意义，他给我们提供了一个充满希望的答案。"① 段义孚认为，在研究"地方"时，可以发现人类头脑和想象力的奇特之处，特别是当从感官的角度理解，甚至当我们人类挣脱大自然的束缚和自身的深层缺陷时更能发现这一点。总之，段义孚试图引导我们在如今纷乱的社会生活中，驻足反思生命的意义与过程，从而找到生命的真谛，创造美好的人生。

段义孚先生及其著述为我十年来的研究提供了极其重要的导航和启示。2008 年攻读博士学位期间，我在生态美学家曾繁仁教授的课堂上最早了解到段义孚先生的人文主义地理学。随着进一步的了解，我惊叹于段义孚先生在环境美学、生态批评、景观设计、人类学等诸多学科的影响力，其有关"地方"和"空间"的诸多著述令我着迷，也便产生了后来对段义孚先生生态文化思想的研究工作。此后，我经常与段义孚先生通过邮件联系，进一步了解其思想，并探讨研究中遇到的问题。段义孚先生对于我的邮件每次必复，而且非常及时。先生谦和诚恳、恬静坦然、博学强识，令我一生受益。先生非常支持将其著述介绍到中国故土来，能够将他的作品介绍给我国读者是译者多年来的愿望，也倍感荣幸，但也深知不易。之前尽管翻译

① 多米尼克·A. 帕西格（Dominic A. Pacyga），著有《芝加哥：传记》（*Chicago：A Biography*），哥伦比亚大学历史学教授。

过段义孚先生的文章，但由于本著跨越多个学科，这给我们提出了更高的要求，需要我们具有多方面的素养。我们历时两年，多方查找资料，尽力保持原作语意和风格，但由于我们学术阅历有限，知识结构欠佳，所以译著中理解偏差甚至错误在所难免，望学界各位前辈、同仁批评指正。

最后，我们要感谢程相占老师在百忙之中给予的指导和推荐。

宋秀葵

2019 年 1 月 1 日于齐鲁师范苑

图书在版编目(CIP)数据

人文主义地理学:对于意义的个体追寻/(美)段义孚著;宋秀葵,陈金凤,张盼盼译. —上海:上海译文出版社,2020.4(2024.7重印)

(译文经典)

书名原文:Humanist Geography:An Individual's Search for Meaning

ISBN 978 - 7 - 5327 - 8291 - 8

Ⅰ.①人… Ⅱ.①段…②宋…③陈…④张… Ⅲ.①人文地理学 Ⅳ.①K901

中国版本图书馆 CIP 数据核字(2020)第 043588 号

图字:09 - 2019 - 203 号

人文主义地理学——对于意义的个体追寻

[美]段义孚 著 宋秀葵 陈金凤 张盼盼 译

责任编辑/张吉人 装帧设计/张志全工作室

上海译文出版社有限公司出版、发行

网址:www. yiwen. com. cn

201101 上海市闵行区号景路159弄B座

杭州宏雅印刷有限公司印刷

开本 787×1092 1/32 印张 8.5 插页 5 字数 119,000

2020 年 4 月第 1 版 2024 年 7 月第 6 次印刷

印数:17,001—20,000 册

ISBN 978 - 7 - 5327 - 8291 - 8/I · 5084

定价:45.00 元